Lafcadio Hearn

VOM LASTERLEBEN AM KAI

Lafcadio Hearn

VOM LASTERLEBEN AM KAI

Große Reportagen

Aus dem Englischen von Johann Christoph Maass

*Herausgegeben und mit einem Nachwort versehen
von Monique Truong*

C.H.BECK textura

Die Reihe *textura* wurde vom Verlag Langewiesche-Brandt
(Ebenhausen bei München) begründet und wird seit dem Jahr
2010 vom Verlag C.H.Beck fortgeführt.

Mit zwei Abbildungen

© Verlag C.H.Beck oHG, München 2017
Satz: Fotosatz Amann, Memmingen
Druck und Bindung: Pustet, Regensburg
Umschlaggestaltung: Kunst oder Reklame, München
Umschlagabbildung: Ausschnitt aus dem Farbholzschnitt
Minowa, Kanasugi und Mikawashima von Utagawa (Andô)
Hiroshige, 1797–1858. Aus der Serie: 100 berühmte Ansichten
von Edo. St. Petersburg, Staatliche Eremitage. © akg-images
Frontispiz: Lafcadio Hearn um 1873, alchetron.com
Innenabbildung S. 214: Lafcadio Hearn um 1900, Bettmann /
Getty Images
Gedruckt auf säurefreiem, alterungsbeständigem Papier
(hergestellt aus chlorfrei gebleichtem Zellstoff)
Printed in Germany
ISBN 978 3 406 70528 1

www.chbeck.de

INHALT

EINE RECHT WUNDERSAME BEGEGNUNG

Erinnerungen einer Geisterseherin, das Ergebnis
einer Plauderei auf der Küchentreppe

«Man sagt zwar, die Toten kämen nicht zurück», bemerkte sie gedankenverloren, «aber was habe ich für eigentümliche Dinge gesehen!»

Sie war ein gesundes, gut gebautes Mädchen vom Lande, das auch der kritischste Geist hätte hübsch nennen müssen; robust und rotwangig trotz des harten Lebens in der Küche eines Fremdenheims, aber mit einem eigentümlich nachdenklichen Ausdruck in den großen, dunklen Augen, so als verfolge sie jemandes Bewegungen, der keinen Schatten warf und für alle anderen unsichtbar war. Spiritualisten bezeichneten sie gern als starkes «Medium», ihr gefiel es aber, was merkwürdig war, ganz und gar nicht, als solches betrachtet zu werden. Lesen oder Schreiben hatte sie nie gelernt, verfügte aber dennoch von Natur aus über einen wunderbar reichen Wortschatz, ein über das Gewöhnliche hinausgehendes, lebhaftes Erinnerungsvermögen und eine Begabung zur Konversation, die selbst einen italienischen *Improvvisatore* begeistert hätte. All dies erfuhren wir im Verlauf einer halben Stunde der Muße, die wir eines Sommerabends auf der Küchentreppe in ihrer Gesellschaft verbrachten, während die Gäste im Mondlicht auf der Veranda saßen und die Lampe in der Diele für zuckende Schatten in den glänzend gebohnerten Korridoren sorgte und die hungrigen Ratten im dunklen Speisezimmer quiekend Karneval feierten. Der seltsamen Ernsthaftigkeit der Erzählerin, der Melodie ihrer leisen, sanften Stimme und dem packenden Charme des Gesprächs auch nur ansatzweise gerecht zu werden, sollten wir gar nicht erst versuchen, genauso wenig, wie ihre mysteriöse Geschichte Wort für Wort nachzuerzählen. Stattdessen aber sollten wir dem Leser jene Eindrücke davon schildern, die dem Schriftsteller im Gedächtnis geblieben sind.

«Beim ersten Mal, als ich Geistermenschen sah», sagte sie, «war ich noch recht klein. Es war in Bracken County, Kentucky, auf einer Farm zwischen Dover und Augusta – ungefähr auf halber Strecke zwischen den Städten –, denn ich erinnere mich an einen riesig großen Stein, der gleich bei der Farm an der Straße lag, der ‹Half-way Stone› genannt wurde und in den ein großes H gemeißelt war. Das Farmhaus stand ein Stück weit vom Fluss entfernt, ganz für sich allein, zwischen Wäldern mit Buchen und Zuckerahorn, und es war eines der merkwürdigsten alten Gebäude, das man sich nur vorstellen kann. Es war gebaut worden, bevor man im Westen Nägel verwendete, man kann sich also denken, wie alt es war, und ich habe gehört, dass sich die Familie, die es ursprünglich gebaut hat, erbitterte Kämpfe mit den Indianern geliefert hatte. Vor dem Haus verlief eine steinige Straße voller Furchen und Schlammlöcher. Dahinter lag ein riesiger Garten mit Apfelbäumen, die aber nur wenige Äpfel trugen, weil sich niemand um die Bäume kümmerte.

Dicke schleimige Kriechpflanzen hatten sie überwuchert und stranguliert, und auch die Pfade waren beinahe vollständig mit hohem Unkraut und üppigem Gras überwuchert. In einigen der Bäume lebten Eulen, aber die Familie hatte offenbar Angst, sie zu erschießen. Am Ende des Obstgartens klaffte ein großer, tiefer Brunnen, seit vielen Jahren nicht mehr benutzt. Katzen, Hunde und Hasen hatten in dem übelriechenden schwarzen Wasser ihre letzte Ruhestätte gefunden. Die Steine waren grün von Moos und Schleim, und auch der Eimer war mit Moos bedeckt, und große schwarze Schlangen, die in Löchern in den Brunnenwänden lebten, krochen an sonnigen Tagen hervor und blinzelten mit ihren bösen, blanken Augen in Richtung Haus. Dieser Brunnen befand sich am Eingang einer tiefen Mulde, überwuchert mit Holunderbüschen und diesen Kriechpflanzen, die man einfach nicht totkriegt, und dort lebten Wassermokassinottern, Strumpfbandnattern und Kupferkopfschlangen. Nahe der Mulde, auf der anderen Seite, floss das Wasser eines klaren ‹Seitenarms› in einem sanft-blauen Bett aus Tonerde, die wir zu ‹Tafelstiften› rollten oder aus der wir Schlammkuchen backten. Einmal wollten wir einen kleinen Mühlenweier bauen, um dort ein paar Gänse zu ertränken, und fanden beim Graben mit der Rodehacke in der blauen Tonerde vier große mexikanische Dollar, die dort verbuddelt waren. Wir wussten damals nicht, was das war, und brachten sie deshalb zum Farmhaus, wo man sie uns wegnahm. Kurze Zeit darauf kamen zwei Männer und kauften das Stück Land, wo wir das Geld gefunden hatten, und fingen an zu graben. Aber nie wieder wurde dort etwas gefunden.

Das Farmhaus sah aus, als wäre es schon hundert Jahre alt,

aber die, die es gebaut hatten, hatten es gut und stabil gebaut, denn vom Dach bis zum Fundament war es tadellos in Ordnung. Viele der großen Bäume im Obstgarten, die sie gepflanzt hatten, waren verrottet und abgestorben, und die Rinde schälte sich über Nestern von Asseln, die sich darunter verborgen hatten. Das alte Haus aber stand noch immer stabil da. Es besaß eine sehr merkwürdige, antiquierte Konstruktion mit gespenstisch aussehenden Giebeln und massiven Kalksteinkaminen, die an beiden Enden emporragten. Es gab vier große Zimmer, zwei oben und zwei unten, und eine kleine Küche, einen Anbau, der einen fünften Raum hinzufügte. Es gab fünf altmodische Türen aus schweren Brettern und acht oder zehn schmale Fenster mit jeder Menge kleiner Glasscheiben darin. Das Haus war aus schweren Sarsaparilla-Stämmen gefertigt, die Fußböden aus Schwarznuss und die Wände mit Blau-Esche verkleidet. Es gab keine Regale, bloß Aussparungen in den Wänden – kleine, quadratische Aussparungen, wo Bücher und kleine Gegenstände aufbewahrt wurden. Die Schindeln waren mit hölzernen Zapfen auf dem Dach fixiert und die Dielenböden mit den Bohlen verpflockt. Im ersten Stock war im südlichen Zimmer zwischen den Dielen und den Bohlen eine alte Muskete aus Revolutionszeiten in der Wand versteckt. Das Nordzimmer, gleich daneben, ist nie bewohnt gewesen.

Ich erinnere mich gut an diesen Raum, denn die Tür stand häufig offen, auch wenn ihn niemand aus der Familie mehr betreten hatte, seit eine alte Dame namens Frankie Boyd dort, Jahre zuvor, an Schwindsucht gestorben war. Sie hatte lange durchgehalten und schrecklich viel gehustet und immer an die Wand neben dem Bett gespuckt. Das Bett war ein altmodisches

Möbel, noch mit hohen Pfosten, und auch alle anderen Möbelstücke waren altmodisch. Es gab da eine altmodische Wäschetruhe mit Beinen, einen altmodischen Schaukelstuhl mit riesigen schweren Kufen und ein altmodisches Spinnrad. Eines ihrer alten Kleider, ein schwarzes, hing noch immer an der Wand, wo sie es, nachdem sie es zum letzten Mal ausgezogen hatte, aufgehängt hatte. Aber es war so stark gealtert und mottenzerfressen, dass es bei Berührung zerfallen wäre wie verbranntes Papier. Der Fußboden war mit einer dicken Staubschicht bedeckt, so dick, dass man Fußspuren darin hinterlassen hätte, und die Fenster gelb wie Pergament, so dringend hätten sie eine Reinigung gebraucht.

Man erzählt sich, die alte Dame sei ständig in dem Zimmer hin- und hergelaufen und niemand könne dort schlafen. Türen öffneten und schlössen sich wie von Geisterhand, und die Nacht über habe man im ganzen Hause das Schaukeln des Schaukelstuhls und das Surren des Spinnrads gehört. Deshalb ist nie jemand in dieses Zimmer gegangen. Aber der Geist von Frankie Boyd war nicht der einzige Geist dort. Das Haus hatte einmal der Paddy-Familie gehört, und Lee Paddy, der ‹alte Mann›, und all seine Kinder waren in dem Raum gestorben, der, als ich dort war, als Küche genutzt wurde, und in dem Familiengrab auf der Nordseite des Hauses beigesetzt worden, im Schatten einer großen Robinie. Nach Frankie Boyds Tod fiel das Haus in die Hände ihres Neffen, eines Mannes namens Bean aus Lewis County, der einen reichen Vater hatte, einen naturwissenschaftlich interessierten alten Herrn. Vater und Sohn waren beide schräge Vögel, und einmal hätte die Exzentrik des Alten Mr Bean beinahe das Leben gekostet. Jemand hatte auf dem

Gelände eine riesenhafte Wassermokassinotter getötet, und der naturwissenschaftlich interessierte Mr Bean hatte sie so zum Abendessen zubereitet, wie man einen Lachs zubereiten würde. Dann lud er sich einen freundlichen Nachbarn ein, der mit ihm speisen sollte. Man erzählt sich, der Nachbar sei von dem Mahl begeistert gewesen und habe erklärt, niemals zuvor besseren Lachs gegessen zu haben. Aber als der alte Bean ihm steckte, er habe soeben eine Wassermokassinotter verspeist, die John tags zuvor am Morgen erlegt habe, brachte der Schock den Nachbarn beinahe um, und dieser taumelte nach Hause, um seine Schrotflinte zu holen. Bean habe sich danach wochenlang nicht aus dem Haus getraut.

Nach Frankie Boyds Tod wurde das alte Farmhaus in Bracken County natürlich zu einem noch eigentümlicheren und geisterhafteren Ort als je zuvor – einem Angst machenden Ort, wie die Sklaven in der Gegend zu sagen pflegten. Das Haus hatte schon immer fürchterlich geknarrt, und niemand hatte es verlassen oder die alten Treppen benutzen können, ohne ein gewaltiges Knarren und Knacken zu erzeugen. Nun aber knarrten die Treppen zu jeder Tages- und Nachtzeit, Türen öffneten sich und schlugen zu, während aus den Zimmern oben Schritte hallten. Ich war noch ein sehr kleines Mädchen und hatte einen kleinen Spielgefährten, der überall auf der Farm mit mir herumrannte, in der blauen Tonerde buddelte, die Hühner jagte, die großen Schlangen beobachtete, die sich beim übelriechenden Brunnen schlängelten, auf der Suche nach verhutzelten und verschrumpelten Äpfeln in die strangulierten Apfelbäume kletterte und Kiesel nach den großen, scheußlich gehörnten Eulen warf, die zwischen den Kletterpflanzen hockten und mit ihren großen, gelben Augen blinzelten. Wir wussten nicht, warum das Haus von solch merkwürdigen Geräuschen heimgesucht wurde, und den alten Negern, die dort beschäftigt waren, war es streng verboten, uns etwas über die eigentümlichen Dinge zu erzählen, die dort vor sich gingen. Aber nichtsdestoweniger versetzte uns das Haus in Angst und Schrecken. Wir fürchteten, dort allein gelassen zu werden. Wir betraten es niemals an sonnigen Tagen, außer zur Essenszeit, und wenn uns schlechtes Wetter dazu zwang, drinnen zu bleiben, entdeckten uns die Leute häufig weinend in einer Ecke sitzend. Zu Anfang konnten wir gar nicht sagen, warum wir weinten, nur dass wir uns vor etwas Undefinierbarem fürchteten – voll vager Furcht waren, die uns aber bedrückte wie ein Albtraum. Eines Abends, nach Einbruch der Dunkelheit, befahlen sie uns, die Treppe hinaufzusteigen, und wir mussten ohne Licht gehen. Etwas folgte uns und ging die Stufen hinter uns hinauf, berührte uns dann am Kopf und folgte uns in den Raum, wobei es zu schluchzen und zu stöhnen schien. Wir schrien vor Angst, und die Leute kamen mit einer Laterne hinaufgerannt und führten uns wieder die Treppe hinab. Außerdem spielte immer jemand mit der rostigen alten Muskete, die in die Wand eingebaut war, schlüpfte unter den Schwarznussfußboden und klopfte dann laut und lang. Und währenddessen knarzte und rumpelte die ganze Zeit über der Schaukelstuhl im Nordzimmer. Bean hatte sich an all das gewöhnt, aber er ging selten die Treppe hinauf, und die Bücher in den alten Aussparungen wurden schwarz vom feuchtkalten Staub, der sich auf ihnen ablagerte, und die Spinnen spannten dicke, klebrige Netze vor die Fenster.

Ungefähr sechs Monate nachdem die Toten uns in den

dunklen Raum nach oben gefolgt waren, geschah es, dass ein heftiger Sturm durch die Wälder fegte, mit den alten Bäumen kämpfte, die Schlingpflanzen im Garten fortriss, die Quellen zu reißenden Bächen anschwellen ließ und die Knochen des alten Farmhauses so richtig durchgerüttelt wurden. Die großen Kalksteinkamine und das Hauptgebäude überstanden die Sache mit Bravour, aber das kleine Küchengebäude, in dem die ganze Paddy-Familie zu Tode gekommen war, war von den Schindeln bis zur Türschwelle schwer angeschlagen. Es war auf eine sehr eigenwillige Weise gebaut worden, eine Weise, die verschwunden und vergessen worden war. Und die Finesse der modernen Handwerker reichte nicht, um es so wieder aufzubauen. Also rissen sie es ab, Stamm für Stamm, und brachten Zerstörung über viele Spinnenkolonien und Mäusenester und Schlangenlöcher, um schließlich an seiner Stelle ein neues Gebäude aus Pinienholz zu errichten, mit neuen Türen und Fenstern. Und von da an hörten die merkwürdigen Geräusche auf, und die Toten schienen ihre Ruhe gefunden zu haben, außer in dem Raum, wo die gelbe Spucke an den Wänden getrocknet war und die altmodischen Möbel unter dem Staub vieler Jahre grau geworden waren. Die Stufen der Treppe verstummten für immer, und das Klopfen unter dem Fußboden hörte auf.

Aber ich darf nicht vergessen, Ihnen noch eine weitere kuriose Sache über den Ort zu erzählen. In der Nähe des Grabs der Paddy-Familie gab es ein Hühnerhaus. Dort lebten eine Menge Hühner und legten Hunderte von Eiern. Aber aus irgendeinem Grund gelang es kaum je einmal, ein Ei zu ergattern. Die Hühner waren dünne, geisterhafte Vögel, die aussahen, als hätten Angst und Enttäuschung sie ausgezehrt. Irgendetwas nahm ihnen ihre Eier just in dem Moment weg, in dem sie sie legten, aber was es war, schien niemand je herausfinden zu können. Der alte Negerkoch äußerte die Vermutung, die Geister der Paddy-Familie saugten die Eier aus. Da wir aber nie auch nur eine Schale finden konnten, ließ sich diese Behauptung kaum halten. Fallen gegen Iltisse, Wiesel, Waschbären und jedwede Art wilder Eierdiebe wurden aufgestellt, nie aber wurde einer davon dort gesehen oder gefangen. Die Hühner hörten außerdem auf, für den Fortbestand ihrer Art zu sorgen, sodass hin und wieder ein Schwung junger Tiere hinzugekauft werden musste. Ich weiß nicht, ob das alte Farmhaus noch steht oder ob Junggeselle Bean bereits heimgeholt worden ist, denn es ist schon lange her, dass ich dort weggegangen bin, um bei Freunden in Dover zu leben.

Eine andere Erfahrung habe ich, wenn auch ungleich unangenehmerer Sorte, während meiner Zeit in Dover gemacht. Die Landschaft in der Umgebung dort ist hügelig, und es führen zwei breite Zollstraßen aus der Stadt hinaus – die eine heißt Maysville Pike, die andere Dover Pike, die von Dover bis über Minerva weiterführt. Nun, beide Straßen sind bereits Schauplatz gewaltsamer Tode gewesen, und auf beiden soll es spuken. Was Letzteres betrifft, bin ich selbst Augenzeuge gewesen – und ich habe, wenn ich mir die Bemerkung erlauben darf, sehr gute Augen.

Ungefähr vier Meilen hinter Dover, auf dem Maysville Pike, überquert die Straße, die sich zwischen den Hügeln hindurchschlängelt, eine primitive Brücke aus Felsbrocken und Stämmen über einen flinken Flusslauf und verläuft dann in einer Kurve, die die Form eines gigantischen Hufeisens beschreibt.

Die Stelle wird ‹Horse-shoe Bend› genannt, liegt genau zwischen zwei Hügeln und ist ausgesprochen wild und ‹gruselig›. Seit der Begebenheit, die dem ‹Horse-shoe Bend› zu einem Geist verholfen hat, haben nur noch wenige den Mut, die Stelle nach Einbruch der Dunkelheit zu passieren. Und die, die es müssen, geben ihren Pferden die Sporen und galoppieren vorüber, als ob der Teufel persönlich hinter ihnen her wäre. Denn der Geist eines Selbstmörders sucht die Kurve heim.

Ich erinnere mich nicht genau, wann es geschah, aber ich glaube nicht, dass es mehr als ein halbes Dutzend Jahre her ist. Sogar den Namen des Mannes habe ich vergessen. Ich weiß nur noch, dass er verheiratet war, recht wohlhabend und in Rock Springs lebte, kurz vor Augusta. Eines Tages war er geschäftlich unterwegs und wurde länger als üblich in der Stadt aufgehalten. Es war eine helle, frostige Winternacht, und der Pike war schneeweiß und hart wie Eisen, und die Hufe seines Pferdes machten auf dem langen Trab heimwärts lustige Musik, bis er seine Farm sehen konnte, den Schatten, wie er schwarz und scharf auf den Feldern lag, und das blutrote Glühen des Holzfeuers in dem großen Kalksteinkamin. Einer Eingebung folgend, eigentümlich genug, stieg er ab, band sein Pferd an einen Baum und kroch vorsichtig bis zum Fenster. Seine Frau saß am Feuer, aber nicht allein. Der Arm eines Fremden umschlang ihre Taille, und seine Finger spielten mit ihrem Haar. Todtraurig wandte er sich vom Fenster ab und kroch zurück zu seinem Pferd, stieg auf und ritt davon, unbesonnen, irr, blindwütig. Die, die aus dem Fenster sahen, als er vorbeiritt, berichteten, noch nie jemanden so reiten gesehen zu haben. Der harte Pike ging unter den eisenbeschlagenen Hufen des fliegenden Pferdes in Flammen auf, der Reiter fluchte wie der Teufel, und die großen Wachhunde auf den Farmen heulten, als segelte ein Geist vorbei. Weder Pferd noch Reiter kehrten jemals zurück. Ein paar kleine Schulkinder, die am nächsten Morgen den ‹Horse-shoe Bend› passierten, ins goldene Licht der ersten Sonnenstrahlen getaucht, sahen den Farmer an seinen Zügeln von einem Baum hängen und das Pferd, das am Straßenrand lag, tot und steif gefroren wie der Reiter. Prediger Holton und Sam Berry schnitten den Leichnam herunter. Aber der Geist des Selbstmordes hat den Ort niemals verlassen. Die einzige Möglichkeit, den Geist eines Selbstmörders zur Ruhe zu bringen, sei, so wird gesagt, den Körper, von einem Pflock durchbohrt, zu begraben. Ob das stimmt, weiß ich nicht. Aber ich weiß, dass jedes Mal, wenn ich den ‹Horse-shoe Bend› passierte, ich den Farmer an einen Baum gelehnt sah, in seinem grauen Winteranzug, und das Pferd, das am Straßenrand lag. Man konnte jeden Faden an der Kleidung sehen, jedes Haar des schwarzen Pferdes. Doch in dem Augenblick, wo man nah genug war, um den Geist mit der Hand berühren zu können, verschwand er wie die Flamme einer erloschenen Kerze. Das habe ich oft gesehen.

Über die Geschichte der Erscheinung, die den anderen Pike heimsucht, weiß ich nicht sonderlich viel. Auch der Name ist mir entfallen, gesehen habe ich das Ding, das sich dort herumtreibt, aber. Etwa drei Meilen von Dover entfernt, auf dem Weg nach Minerva, befindet sich eine Zollstation, und ungefähr anderthalb Meilen hinter der Zollstation kommt eine Stelle namens ‹Firman's Wood›, ein hügeliges Plätzchen mit Bäumen. In einer Mulde abseits der Straße wurde ein Farmer seines Geldes wegen ermordet und der Leichnam einfach ins Gebüsch geworfen. Er war die Straße wohl hundertmal entlanggeritten und hatte jedes Mal seinen Zoll an der Station entrichtet. Jeder erkannte ihn an seinem grauen Bart und seinem breitkrempigen Hut, wenn er vorbeikam. Am Abend des Mordes hatte er einiges Vieh verkauft und war auf dem Heimweg, die Brieftasche gut gefüllt, als er auf einen anderen Reiter traf, der in Richtung Minerva unterwegs war. Vielleicht war er seiner neuen Bekanntschaft gegenüber unvorsichtig gewesen, hatte vielleicht leichtsinnigerweise die speckige Brieftasche gezeigt, prall gefüllt mit Bündeln grüner Banknoten, jedenfalls stieß ihm der Fremde, als sie Firman's Woods erreichten, ein Bowie-Messer ins Herz, versteckte den Körper in der Senke und galoppierte mit dem Geld des Toten von dannen. Das Mordopfer hat nie in Frieden ruhen können. Ein Geisterreiter galoppiert nächtens den Pike entlang, fliegt manchmal unsichtbar an der Zollstation vorbei, wobei das Hufgetrappel in kalten Nächten laut und scharf zu hören ist und die Hufe an regnerischen Abenden mit schmatzenden Geräuschen durch den Schlamm platschen. Aber gesichtet wird er nur bei Firman's Woods – eine gespenstische Gestalt, kopflos und fürchterlich. Ich habe sie gesehen und beobachtet, wie sie sich wie eine Kerzenflamme bei einem starken Windhauch in nichts auflöst.

Aber das beängstigendste Erlebnis, das ich je hatte – zumindest das, was mir am meisten Angst einjagte –, geschah in Minerva. Ich arbeitete dort für eine Familie als Köchin, und meine Unterkunft war ein dämmeriges und düsteres Zimmer im hinteren Teil des Gebäudes. Es gab ein Fenster, aber es fiel selten Licht hinein, weil es zu einem höheren Gebäude auf der anderen Seite der Gasse hinausging und außerdem seit Jahren nicht geputzt worden war. Etwas an dem Raum war in meinen Augen komisch, denn gleich am ersten Tag nahm Joe … mich mit nach oben, eine Kerze in der Hand, und sagte: ‹Du hast keine Angst hier zu schlafen, oder?› Nun, ich antwortete: ‹Nein.›

(An dieser Stelle erlaubten wir uns, die Erzählerin nach Joes Nachnamen zu fragen, sie aber lehnte es ab, aus privaten Gründen, ihn zu nennen, und wir mussten uns mit dem Hinweis begnügen, Joe sei der Besitzer des Hauses gewesen und Familienvater.)

Ich arbeitete gerade einen Tag dort. Nachdem das Abendessen zu Ende war, das Geschirr gespült und alles wieder an Ort und Stelle stand, ging ich zum Schlafen nach oben. Ich erinnere mich noch, dass ich Angst hatte – warum, könnte ich nicht sagen –, die Kerze auszupusten. Aber ich dachte, die Leute würden mich dafür schelten, Kerzen zu verschwenden, also pustete ich sie schließlich aus, kroch ins Bett und versuchte mich zuzudecken. Ich stellte fest, dass ich die Decke zunächst nicht bewegen konnte, sie schien am Fußende festgenagelt zu sein. Ich zog mit großer Kraft, und es gelang mir, die Decke hochzuziehen, aber es war, als hätte ein schweres Gewicht daraufgelegen. Plötzlich merkte ich deutlich, wie in die andere Richtung gezogen wurde – etwas zog die Decke vom Bett weg. Ich zog sie wieder zurück, und wieder wurde sie weggezogen. Natürlich hatte ich Angst, aber ich hatte schon andere merkwürdige Dinge gesehen und gehört, weshalb ich beschloss, mich ruhig hinzulegen und die Decke in Ruhe zu lassen, in der Annahme, dass, würde ich das Etwas in Ruhe lassen, es auch mich in Ruhe lassen würde. Und so schlief ich schließlich ein.

Wie lange ich schlief, weiß ich nicht, aber ich träumte grässlich und erwachte keuchend im Dunkeln mit dem Gefühl, dass irgendetwas mit mir im Raum war. Etwa eine Minute später legte es mir die Finger auf die Lippen und strich mir dann über die Nase. Ich erwog aufzustehen, hatte aber zu viel Angst, als ich mit einem Mal spürte, wie sich mir eine riesige Hand auf die Brust legte und mich auf Bett presste – eine Hand, so breit, dass sie mich von Schulter zu Schulter bedeckte, und die sich schwerer anfühlte als Eisen. Ich war zu verängstigt, um ohnmächtig zu werden, zu sehr in den Bann geschlagen, um zu schreien, und zu kraftlos, um mich unter dem gigantischen Druck bewegen zu können. Und mit dem Druck stieg Grauen in mir auf, ein Grauen der Hölle, unbeschreiblich furchtbar, schlimmer als der grässliche Zauber von tausend Albträumen. Ich erinnere mich, dass ich mir durchaus den Tod gewünscht hätte, wäre da nicht der abscheuliche Gedanke gewesen, dass mein Geist sich dann in der Dunkelheit in Gesellschaft dieses furchtbaren Dings begeben würde. Die Hand wurde unvermittelt weggezogen, und ich schrie wie eine Geisteskranke in den Kerkern einer Irrenanstalt. Alle hörten den Schrei und kamen mit Lichtern und weißen Gesichtern hinaufgerannt. Sie zeigten mir, dass Türen und Fenster fest verschlossen waren und dass außer mir kein Mensch im Zimmer gewesen war. Aber das musste man mir nicht erst sagen. Am nächsten Tag verließ ich das Haus.

Etwas ganz Ähnliches passierte in einem Haus in Lexington, wo ich einmal wohnte. Früher hatte es einer Dame namens Jane … gehört, einer Sklavenhalterin in den Tagen vor der Revolution. Sie war bereits im Jenseits, und ihr Haus war in andere Hände gefallen. Wegen ihrer Sünden aber wurde es noch immer heimgesucht – auf furchtbare Weise heimgesucht. Man erzählt sich, sie habe in einer Winternacht vor vielen Jahren einen Negersklaven wegen einer nichtigen Ungehorsamkeit eigenhändig zu Tode geprügelt. Er war ein kräftiger Mann gewesen, aber man hatte ihn ausgezogen und stramm festgebunden, sodass Widerstand unmöglich war, und die Frau hatte ihn mit einem Lederriemen, in Wasser getränkt, acht Stunden hintereinander geschlagen. Und der Körper war gestorben und unter den Dielenbrettern verborgen worden und in seiner Fäulnis grün geworden. Der Geist des Mannes aber lief weiter herum und stöhnte und quälte alle, die in dem Haus lebten. Die Frau hatte immer die ganze Nacht lang auf der Schwelle gesessen und im Mondlicht geweint, während der Geist im Innern stöhnte. Schließlich zog sie fort und starb in einem anderen Viertel. Aber selbst als ich dort war, zog der Geist im Erdgeschoss noch immer die Decken von den Betten, wenn irgendjemand dort zu schlafen versuchte.

Ich habe viele eigentümliche Dinge dieser Art gesehen und gehört. Einmal sah ich ein Gespenst, wie man so sagt, also einen Doppelgänger. Aber ich glaube kaum, dass Sie das so interessant finden wie mein letztes Erlebnis in einem Haus in Cincinnati. Das war auf der West Fifth Street, wo ich sowohl als Köchin als auch als Zimmermädchen arbeitete. Zu dem Haus gab es eine Geschichte, die mir aber selber nie vollständig bekannt geworden war und die ich deshalb auch nicht nachzuerzählen versuchen werde, bis auf die Tatsache, dass dort ein bestimmtes junges Mädchen gestorben und später dorthin zurückgekehrt war. Über diesen Umstand unterrichtete man mich aber erst, nachdem ich bereits eine Zeit lang dort gearbeitet hatte. Eines Abends geschah es, wohl zur Dämmerung, dass ich nach oben in eines der Schlafzimmer ging, um dort etwas zu erledigen, und eine junge Dame dastehen sah, ganz in Weiß, die vor dem Spiegel stand, groß und schweigend. Die Sonne war an diesem Abend blutrot gewesen, und ein schwaches rosiges Glühen mischte sich mit dem trüben Grau, sodass die Dinge deutlich erkennbar und scharf umrissen waren. Nun, da alle Gäste bei Tisch saßen, dachte ich, als ich den Raum betrat, zunächst, dass die Gestalt vor dem Spiegel wohl ein weiblicher Besuch sein müsse, von dessen Kommen ich nichts gewusst hatte. Ich stand einen Moment lang da und schaute sie an, sah aber nicht ihr Gesicht, weil sie mir den Rücken zuwandte, und da sie ungewöhnlich hochgewachsen schien, nahm ich an, die Schwärze ihres Haars verlöre sich in der Schwärze der Schatten oberhalb des Spiegels. Plötzlich kam mir in den Sinn, in den Spiegel zu schauen, was ich auch tat. Dort war die Figur, groß, schweigend und weiß, aber es waren weder Kopf noch Gesicht zu sehen. Ich ging näher, um den weißen Schatten zu berühren, aber er erlosch wie eine Kerzenflamme oder wie Atemhauch von einem Spiegel verschwindet, wenn man ihn angehaucht hat.

Die Leute bezeichnen mich manchmal als Medium und bitten mich, in dunklen Zirkeln zu sitzen und ihnen zu helfen, die Geister anzurufen. Ich habe das immer abgelehnt – wundert Sie das etwa? Die Wahrheit ist, Sir, dass, auch wenn ich selbst die Toten nicht ruhen lassen kann, ich doch mehr als froh wäre, wenn sie mich damit in Ruhe ließen.»

VOM LASTERLEBEN AM KAI

Treffpunkte und Zeitvertreibe der Schauermänner –
ihre ursprünglichen Lieder und speziellen Tänze

Entlang der Flussufer zu beiden Seiten der Deichböschung, wo
das braune Wasser alljährlich zu den ruinösen Gehsteigen hin-
aufkriecht und in die Keller der Lagerhäuser läuft und deren
schmutzige Wände mit wasserpestgrünen Schlieren bemalt,
lässt sich eine überaus kuriose und interessante Lebensform beobachten – das Leben einer Gemeinschaft in der Gemeinschaft:
eine Gesellschaft von Streunern, die zwar Schlupfwinkel haben,
aber kein Zuhause, und mit der sie umgebenden Gesellschaft
der Sesshaften nur dadurch verbunden sind, dass sie ebenfalls den allgemeinen staatlichen und städtischen Gesetze ver-
pflichtet sind. Es ist dies ein äußerst primitives Leben, dessen
Licht- und Schattenseiten gleichermaßen von einer halb wilden
Schlichtheit bestimmt werden und dessen Glück und Elend beinahe ausschließlich animalischer Natur ist. Seine Wonnen liegen einzig und allein im Augenblick und werden von der Aussicht auf den morgigen Tag weder gemehrt noch vermindert.
Es ist zumeist eher bemitleidenswert als schockierend, entbehrt
aber auch nicht eines gewissen eigenen Charmes – des Charmes

eines unbekümmerten Daseins, dessen Tugenden allesamt ursprünglich und dem Untugenden zum großen Teil fremd sind. Ein Großteil dieses Lebens unweit der Anlegeplätze spielt sich in den unterirdischen Bruchbuden und uralten Holzhäusern des Gebiets östlich des Broadways bis Culvert Street ab, zwischen der Sixth und Seventh Street. Am besten kann man die Besonderheiten dieses grotesk-pittoresken Lebens der Schauermänner wohl an einem kühlen Frühlingsabend beobachten, wenn der Deich in Mondlicht getaucht ist, die Fackelkörbe rötlich auf dem Wasser tanzen und die klare Luft von der sonoren Musik der tief tönenden Dampfpfeife vibriert und durch die offenen Türen der Tanzdielen der Klang wild gezupfter Banjos schwebt.

Wahrscheinlich sind weniger als ein Drittel der in unserer Flussschifffahrt beschäftigten Schauermänner und Docker weiß. Der Berufszweig ist mittlerweile fest in Händen der Neger, ganz zu Recht, sind sie doch bei Weitem die besten Stauer und auch als Feuerwehrmänner unübertroffen. Die weißen Stauer sind für gewöhnlich Vagabunden, die nur aus Angst vor dem Armenhaus zur Arbeit bereit sind, manchmal aber auch Arbeiter, die keine andere Beschäftigung finden und froh sind, erst einmal überhaupt Geld zu verdienen, egal, mit welcher Tätigkeit. An Bord der Schiffe essen Weiße und Schwarze jeweils für sich und arbeiten auch unter unterschiedlichen Maaten, wobei es am Anleger von Cincinnati im Durchschnitt ungefähr fünfundzwanzig Mann sind, die jeweils ein Schiff entladen. Baumwollschiffe, die den unteren Mississippi befahren, haben häufig sechzig oder siebzig Deckshelfer an Bord, die je nach Saison zwischen fünfundvierzig und sechzig Dollar im Monat verdienen können. Auf den Ohio-River-Schiffen übersteigt der Durchschnittslohn für einen Schauermann 30 Dollar im Monat nicht.

Docker verdienen zwischen fünfzehn und zwanzig Cent die Stunde, je nach Saison. Diese werden häufig von irischen Unterhändlern angeheuert, deren Geschäft es ist, ein Schiff für so und so viel pro Packen zu entladen, während die erstklassigen Schiffe durch den Maat direkt mit den Schauermännern verhandeln und mitunter fünfundzwanzig Cent für derlei Arbeit bezahlen. «Vor der Freiheit», wie die Schwarzen sagen, erledigten Weiße auf den Dampfschiffen die meiste Stauerarbeit. Die Neger sind derzeit dabei, den Beruf nach und nach zu monopolisieren, hauptsächlich weil sie besonders tauglich dafür sind. Im Allgemeinen sind sie die besten Träger der Welt, und in den Baumwollstaaten ist es nicht unüblich, wie man uns sagte, an den Anlegeplätze schwarze Hilfsarbeiter zu sehen, die im Rahmen einer Wette fünfhundert Pfund schwere Baumwollballen auf dem Rücken zu den Werftbooten tragen. Heutzutage erkennen die Flussschiffer den besonderen Wert von Negerarbeitern im Dampfschiffverkehr, und die farbigen Schauermänner werden besser behandelt, als es nach dem Krieg der Fall war. Durch die derzeitige Gesetzgebung sind sie auch besser geschützt. Es gab Zeiten, in denen es für irgendeinen brutalen Maat vollkommen selbstverständlich war, sechzig oder siebzig Schauermänner an Bord zu haben und, nachdem das Schiff alle Fracht an Bord genommen hatte, den armen Schluckern ihr Geld zu geben und sie in irgendeiner kleinen Stadt oder sogar irgendwo im Wald an Land zu bringen, Hunderte Meilen von ihrem Zuhause entfernt. Dies ist nicht mehr straffrei möglich.

Das Leben der Schauermänner meint also im engeren Sinne das Leben der schwarzen Bevölkerung der Rows und, zum Teil, von Bucktown – von Schwarzen und Mulatten aus allen Teilen der Vereinigten Staaten, hauptsächlich aber aus Kentucky und dem östlichen Virginia, wo offenkundig die meisten von ihnen vor der Freiheit auf den Plantagen geschuftet haben. Und in ihren Liedern und Zeitvertreiben hallt noch immer das alte Leben auf den Plantagen nach. So kann man alte Sklavenlieder aus Kentucky hören, die des Nachts auf den Dampfschiffen gesungen werden, in dieser wilden, halb melancholischen Tonlage, die für die ursprüngliche Musik der afrikanischen Rasse so typisch ist. Oder man kann beobachten, wie nachts alte Sklaventänze zur Melodie irgendeines alten Virginia-Reels in den Tanzdielen der Sausage Row oder den «Ballsälen» von Bucktown aufgeführt werden. Diesem Pariadasein haftet etwas absolut Einzigartiges an. Seine Grenzen sind genauestens abgesteckt, seine Freuden allesamt sinnlicher Natur, und viele von ihnen zeichnen sich durch Besonderheiten aus, die streng lokalen Charakters sind. Viele ihrer Lieder, die noch nie irgendwo abgedruckt worden sind, handeln vom Hafenleben in Cincinnati, von all den berühmten Dampfschiffen, die auf dem *Muddy Water* unterwegs sind, und von den liebsten Treffpunkten der Schauermänner entlang des Flussufers und in Bucktown. Diese kuriosen Lieder zu sammeln, oder auch nur die beliebtesten von ihnen, wäre die Arbeit von Monaten und selbst dann noch ein schwieriges Unterfangen, weil die schwarzen Stauer einem Mann gegenüber, der sich ihnen mit einem Notizblock und Bleistift nähert, im höchsten Maße misstrauisch sind. Hin und wieder jedoch kann man einen intelligenten Dampfschiffer mittels einer harmlosen Bestechung in Form einer Zigarre oder eines Drinks dazu bringen, ein paar Lieder über den Fluss zu singen, und das ist es, was wir während einiger freier Abende in der vergangenen Woche mit einigem Erfolg versucht haben, zunächst in einem beliebten Stauertreffpunkt am Broadway, unweit Sixth, und danach in einer schäbigen Holzhütte in der Nähe der Ecke Sixth und Culvert Street. Leider sind einige der wunderlichsten dieser Lieder nicht von der Art, dass sie sich für den Abdruck in den Spalten einer Tageszeitung eignen würden, aber andere, die wir unseren Leser präsentieren können, mögen sich als ebenfalls interessant erweisen. Von diesen war das folgende Lied, «Number Ninety Nine», eine Weile lang unter den Arbeitern der Dampffrachtschiffe ungeheuer populär. Die ursprüngliche Lokalität, auf die Bezug genommen wird, befand sich zwischen Sixth und Culvert Street, wo jetzt Kirks Gebäude steht. Wir präsentieren das Lied mit einigen notwendigen Korrekturen:

You may talk about yer railroads,
Yer steamboats and can-el
If't hadn't been for Liza Jane
There wouldn't a bin no hell.
Refrain:
Oh, ain't I gone, gone, gone
Oh, ain't I gone, gone, gone
Oh, ain't I gone, gone, gone
Way down de ribber road.

Whar do you get yer whisky?
Whar do you get yer rum?
I got it down in Bucktown,
At Number Ninety-nine.
Refrain: *Oh, ain't I gone, gone, gone usw.*

I went down to Bucktown,
Nebber was dar before,
Great big niggah knocked me down,
But Katy barred the door.
Refrain: *Oh, ain't I gone, gone, gone usw.*

She hugged me, she kissed me,
She tole me not to cry;
She said I wus de sweetest thing
Dat ebber libbed or died.
Refrain: *Oh, ain't I gone, gone, gone usw.*

***

Yonder goes the Wildwood,
She's loaded to the guards,
But yonder comes the Fleetwood,
An' she's the boat for me.
Refrain: *Oh, ain't I gone, gone, gone usw.*

Die Zeile «*way down de ribber road*» wird im Refrain manchmal
durch «*Way down to Rockingham*» ersetzt.

Eines der beliebtesten Lieder der Schauermänner, das derzeit auf dem Ohio River gesungen wird, ist das folgende. Die Melodie ist getragen und melancholisch, und wenn die farbige Mannschaft eines abfahrenden oder eintreffenden Schiffes sie unisono intoniert, hat sie etwas Traurig-Süßes an sich, das wunderschön ist. Die zwei Charakterzüge der armen Molly, die zugleich gut und böse ist, sind auf gewisse Weise charakteristisch für die Liebste eines Stauers:

Molly was a good gal and a bad gal, too.
Oh Molly, row, gal.
Molly was a good gal and a bad gal, too.
Oh Molly, row, gal.

I'll row dis boat and I'll row no more,
Row, Molly, row, gal.
I'll row this boat, and I'll go on shore,
Row, Molly, row, gal.

Captain on the biler deck a-heaving of the lead,
Oh Molly, row, gal.
Calling to the pilot to her, «Turn ahead»,
Row, Molly, row, gal.

Hier ist ein weiteres getragenes und melodisches Lied. Der Refrain ist, wenn er gut gesungen wird, ausgesprochen hübsch.

Shawneetown is burnin' down,
Who tole you so?

Shawneetown is burnin' down,
Who tole you so?

Cythie, my darlin' gal,
Who tole you so?
Cythie, my darlin' gal,
How do you know?
Refrain: *Shawneetown is burnin' &c.*

How the h—l d'ye 'spect me to hold her,
Way down below?
I've got no skin on either shoulder,
Who tole you so?
Refrain: *Shawneetown is burnin' &c.*

De houses dey is all on fire,
Way down below.
De houses dey is all on fire,
Who tole you so?
Refrain: *Shawneetown is burnin' &c.*

My old missus tole me so,
Way down below.An' I b'lieve what ole missus says,
Way down below.
Refrain: *Shawneetown is burnin' &c.*

Die melancholischste all dieser schwermütigen Weisen ist die, zu der gemeinhin das Lied «Let her go by» gesungen wird. Für gewöhnlich wird es beim Auslaufen aus dem Hafen angestimmt, und das mitunter mit bewegendem Pathos, beflügelt von der Situation, wenn die Liebsten der Sänger zuschauen, wie das Schiff stromabwärts gleitet.

I'm going away to New Orleans!
Good-bye, my lover, good-bye!
I'm going away to New Orleans!
Good-bye, my lover, good-bye!
Oh, let her go by!

She's on her way to New Orleans!
Good-bye, my lover, good-bye!
She bound to pass the Robert E. Lee,
Good-bye, my lover, good-bye!
Oh, let her go by!

I'll make dis trip and I'll make no more!
Good-bye, my lover, good-bye!
I'll roll dese barrels, I'll roll no more!
Good-bye, my lover, good-bye!
Oh, let her go by!

An' if you are not true to me,
Farewell, my lover, farewell!
An' if you are not true to me,
Farwell, my lover, farewell!
Oh, let her go by!

Unser nächstes Beispiel ist von der etwas muntereren Sorte. Es ist, wie wir glauben, bereits in etwas anderer Form in unterschiedlichen Liederbüchern abgedruckt worden. Wir geben es so wieder, wie man es uns in einem Saloon am Broadway vorgesungen hat:

I come down the mountain,
An' she come down the lane,
An' all that I could say to her
Was, «Good bye, 'Liza Jane.»

Refrain: *Farewell, 'Liza Jane!*
Farewell, 'Liza Jane!
Don't throw yourself away, for I
Am coming back again.

I got up on a house-top,
An' give my horn a blow;
Thought I heerd Miss Dinah say,
«Yonder comes you beau.»
[Refrain]

Ef I'd a few more boards,
To build my chimney higher,
I'd keep aroun' the country gals,
Chunkin' up the fire.
[Refrain]

Das Folgende sind Teile zweier recht langer Lieder, deren Strophen beinahe identisch sind, während Refrains und Melodien deutlich voneinander abweichen. Die Melodie des ersten ist volltönend und für gewöhnlich getragen, wie ein Seemannslied beim Ankerlichten; die des darauffolgenden hingegen schnell und lebhaft.

Belle-a-Lee's got no time,
Oh, Belle! oh, Belle!
Robert E. Lee's got railroad time,
Oh, Belle! oh, Belle!

Wish I was in Mobile Bay,
Oh, Belle! oh, Belle!
Rollin' cotton by de day,
Oh, Belle! oh, Belle!

***

I wish I was in Mobile Bay,
Rollin' cotton by de day,
Stown'n' sugar in de hull below,
Below, belo-ow,
Stow'n' sugar in de hull below, &c.

De Natchez is a new boat; she's just in her prime,
Beats any oder boat on de New Orleans line.
Stow'n' sugar in de hull below, &c.

Engineer t'rough de trumpet, give de firemen news,
Couldn't make steam for de fire in de flues.
Stow'n sugar in de hull below, &c.

Cap'n on de biler deck, a scratchin' of his head,
Hollers to de deck hand to heave de larbo'rd lead.
Stow'n'sugar in de hull below, &c.

Das womöglich hübscheste all dieser Lieder ist «The Wandering Steamboatman», das, wie viele andere Lieder der Schauermänner, die eher lose Moral des Berufs mit ziemlich deutlichen Worten illustriert:

I am a wandering steamboatman,
And far away from home;
I fell in love with a pretty gal,
And she in love with me.

She took me to her parlour
And cooled me with a fan;
She whispered in her mother's ear:
«I love the steamboatman.»

Die Mutter fleht ihre Tochter an, sich nicht mit dem Schauermann einzulassen. «Du weißt», sagt sie, «er ist Stauer und hat eine Frau in New Orleans.» Der Stauer aber antwortet mit großer Nonchalance:

If I've got a wife at New Orleans
I'm neither tied nor bound;
And I'll forsake my New Orleans wife
If you'll be truly mine.

Ein weiteres äußerst wunderliches und entschieden unmoralisches Lied ist unter den leichten Mädchen der «Rows» beliebt. Wir können hier nur eine Strophe wiedergeben:

I hev a roustabout for my man —
Livin' with a white man for a sham,
Oh, leave me alone,
Leave me alone,
I'd like you much better if you'd leave me alone.

Aber das bekannteste der bei den Stauern beliebten Lieder ist «Limber Jim» bzw. «Shiloh». Nur die wenigsten können den vollständigen Text auswendig, was angesichts der Tatsache, dass man ungefähr zwanzig Minuten braucht, um «Limber Jim» von vorne bis hinten zu singen, kein Wunder ist, und das ganze Lied, vollständig abgedruckt, würde zwei Spalten des *Commercial* füllen. Die einzige Person in der Stadt, die den Song zur Gänze singen kann, ist, so glauben wir, ein schwarzer Arbeiter, wohnhaft unweit Sixth und Culvert Street, der seit Jahren «den Fluss befährt» und sich mit dem Singen von «Limber Jim» einen solchen Ruf erworben hat, dass man ihm den Spitznamen der erwähnten mythischen Figur gegeben hat und ihn auch niemand unter anderem Namen kennt. Er führt eine kleine Spelunke in Bucktown, bekannt als «Limber Jim's», und genießt für jemanden, der in jener Gegend wohnt, einen sehr guten Leumund. Äußerst gutmütig sang Jim das Lied vor Kurzem eines Abends für uns, und im Interesse unserer Leser notierten wir uns einige der bemerkenswertesten Strophen. Die Weise geht wunderbar schnell und lebhaft, und der Refrain ist recht mitreißend. Der Hauptsänger singt das gesamte Lied, spart indes den Refrain aus, «Shiloh», dessen Doppelsilbe für gewöhnlich von zwanzig oder dreißig Stimmen von bodenloser Tiefe gleichzeitig skandiert wird, was sich anhört wie das Dröhnen von zwanzig mit enormer Wucht und Präzision geschlagenen chinesischen Gongs. «Limber Jim» ist zu weiten Teilen recht profan, und einiges davon eignet sich nicht zum Abdruck. Wir können hier nur ungefähr ein Zehntel davon präsentieren. Der Refrain wird häufig von dem wunderbar schnellen Schlagen von Oberschenkeln und Hüften begleitet, das als *Patting Juba* bekannt ist.

Nigger an' a white man playing seven-up,
White man played an ace; an' nigger feared to take it up,
White man played ace an' nigger played a nine,
White man died, an' nigger went blind.
Limber Jim,
[Alle] Shiloh!
Talk it agin,
[Alle] Shiloh!
Walk back in love,
[Alle] Shiloh!
You turtle-dove,
[Alle] Shiloh!

Went down the ribber, couldn't get across;
Hopped on a rebel louse; thought it was a hoss,
Oh lor', gals, 't ain't no lie,
Lice in Camp Chase big enough to cry. —
Limber Jim, &c.

Bridle up a rat, saddle up a cat.
Please han' me down my Leghorn hat,
Went to see widow; widow wasn't home;
Saw to her daughter, —she gave me honeycomb.
Limber Jim, &c.

Jay-bird sittin' on a swinging limb,
Winked at me an' I winked at him,
Up with a rock an' struck him on the shin,
G—d d—n yer don't wink again.
Limber Jim, &c.

Some folks says that a rebel can't steal,
I found twenty in my corn-fiel',
Sich pullin' of shucks an' tearin of corn! —
Nebber saw the like since I was born.
Limber Jim, &c.

John Morgan come Danville and cut a mighty dash,
Las' time I saw him, he was under ship an' lash;
'Long come a rebel at a sweepin' pace,
Whar're goin', Mr. Rebel? «I'm goin' to Camp Chase.»
Limber Jim, &c.

Way beyond de sun and de moon,
White gal tole me I were too soon.
White gal tole me I come too soon,
An' nigger gal called me an ole d—d foo.
Limber Jim, &c.

Eighteen pennies hidden in a fence,
Cynthiana gals ain't got no sense;
Every time they go from home
Comb thar heads wid an ole jaw bone.
Limber Jim, &c.

Had a little wife an' didn't inten' to keep her;
Showed her a flatboat an' sent her down de ribber;
Head like a fodder-shock, mouf like a shovel,
Put yerself wid yaller gal, put yerself in trouble.
Limber Jim, &c.

I went down too Dinah's house, Dinah was in bed,
Hoisted de window an' poked out her head;
T'rowed an' I hit her in de eyeball, —bim;
«Walk back, Mr. Nigger; don't do dat again.»
Limber Jim, &c.

Gambling man in de railroad line,
Saved my ace an' played my nine;
If you want to know my name,
My name's High-low-jack-in-the-game.

Limber Jim,
Shiloh!
Talk it agin,
Shiloh!
You dancing girl,
Shiloh!
Sure's you're born,
Shiloh!

Grease my heel with butter in the fat,
I can talk to Limber Jim better'n dat.
Limber Jim,
Shiloh!
Limber Jim,
Shiloh!
Walk back in love,
Shiloh!
My turtle dove,
Shiloh!

[Patting Juba]— *And you can't go yonder,*
Limber Jim!
And you can't go yonder,
Limber Jim!
And you can't goo-oo-o!

Erwähnenswert ist im Zusammenhang mit diesen Negersängern noch, dass sie den irischen Akzent mit einem Maß an Perfektion nachzuahmen verstehen, das zu erreichen sich kein

Amerikaner, Engländer oder Deutscher je erhoffen könnte. Auf Anfrage von Schutzmann Tighe und seinem Partner sang am selben Abend, an dem wir mit Limber Jim sprachen, ein sehr dunkler Mulatte namens Jim Delaney auf famose Weise für uns das bekannte Liedchen «The hat me fahth wor-re». Dabei hat Jim trotz seines Namens nur wenig oder überhaupt kein irisches Blut in den Adern, genauso wenig wie sein Kumpane, Jim Harris, der beim übermütigen Refrain mit einfiel:

'Tis the raylics of ould dacency,
The hat me fahther wor-r-re.

In einer Minstrel-Truppe würde sich Jim Delaney mit irischen Spezialitäten zweifellos bald einen Namen machen. Seine Nachahmung des irischen Charakters ist absolut perfekt, und er besitzt eine Stimme von großer Flexibilität, Tiefe und Lautstärke. Auch er «befährt» den Fluss.

An der südöstlichen Straßenecke von Culvert und Sixth Street, dem Haus gegenüber, in dem Limber Jim und seine Freunde uns derart unterhielten, steht Kirks Gebäude, nun gemeinsam genutzt von Kirk und Ryan. Zwei Stockwerke unterhalb des Gebäudes befindet sich das bei den farbigen Stauern und ihren «Mädchen» beliebteste Tanzlokal. Gebäude und Grundstück gehören Kirk, Ryan aber hat den Keller und die Hälfte des oberen Gebäudes gepachtet. Jüngst haben Besitzer und Pächter sich zerstritten und sind nun erbitterte Feinde, wobei Ryan in der Angelegenheit die Oberhand behalten zu haben scheint und mit den Schauermännern beträchtliches Geld verdient. Er hat den alten Seiteneingang geschlossen, weswegen der Zutritt zum Ballsaal jetzt nur noch durch die Bar und nach der Entrichtung von zehn Cent möglich ist. Klugerweise hat der Besitzer einen speziellen Schutzmann engagiert, um unten die Ordnung aufrechtzuerhalten, und das Etablissement ist für eines dieser Sorte im Großen und Ganzen gut geführt. Die Anzahl der Gäste hängt beinahe ausschließlich von der Lage des Verkehrs auf dem Fluss ab. Einen Großteil der Woche über ist die Besucherzahl eher dürftig, aber wenn die Schiffe aus New Orleans kommen, platzt der Laden beinahe aus allen Nähten. Neben der Eintrittsgebühr von zehn Cent wird allen Männern für jedes getanzte Set zusätzlich ein Dime in Rechnung gestellt – wobei besagter Dime dafür aufgewendet werden soll, «die Partnerin einzuladen». Wenn die Zeiten hart sind und das Geld knapp, entrichten auch die Mädchen häufig die Entgelte für ihre Männer, um tanzen zu können.

Mit seinen unverputzten und fensterlosen Kalksteinwänden, dem sandbestreutem Boden, morschen Dach, halb aus Dielen, halb aus rissigem Putz, der schäbigen schwarzen Theke in einer Ecke und groben Bänken entlang der Wände vermittelte diese Tanzdiele einen eher befremdlichen Eindruck. In einer Ecke des Raumes gegenüber der «Bar» stand eine lange Bank, das Gesicht zur Wand, auf deren Rückenlehne, die Füße einwärts auf die Sitzfläche gestellt, die Musiker saßen. Ein gut gekleideter, gefällig gebauter Mulatte zupfte das Banjo, den Ton aber gab ein etwas hellhäutigerer Schwarzer mit einer Fiedel an, die er bemerkenswert gut und mit großem Temperament spielte. Eine kleine, korpulente Negerin, schlecht gekleidet, mit einem recht gutmütigen Gesicht und einem Umschlagtuch um den Kopf, spielte die Kniegeige, und das in einer nicht gerade unerfahrenen Kapelle. Diese Frau ist der Polizei unter dem Namen Anna Nun bekannt.

Die Tänzer waren fürwahr ein zusammengewürfelter Haufen: Die hübschen Kleider der Mädchen kontrastierten aufs Schärfste mit den Lumpen der ärmeren Schauermänner, von denen einige außer Hemd, Hose und schockierenden Hüten nichts am Leibe trugen. Eine Reihe sündhaft hübscher Frauen rauchte Stumpen. Bill Williams, ein gutmütiger schwarzer Riese, der in Bucktown einen Saloon führt, fungierte eine Zeit lang als Conférencier. George Moore, der schwarze Demokrat, der am letzten Wahltag den Anführer einer Gruppe tötete, die sein Haus angegriffen hatte, machte beim Tanz eine gute Figur, ist er doch trotz seines massigen Körpers wunderbar agil. Die beste Vorstellung auf der Tanzfläche lieferte ein kleiner gedrungener Stauer namens Jem Scott, der ein phantastischer Jig-Tänzer ist und mit einem vollen Glas Wasser auf dem Kopf walzen kann, ohne nur einen Tropfen zu verschütten. Ein Viertel der anwesenden Frauen war weiß, einschließlich zweier Mädchen von nur ungefähr siebzehn Jahren, deren Körper aber über ihre frühreife Lasterhaftigkeit Zeugnis ablegten. Das hübscheste Mädchen im Raum war eine groß gewachsene, gelenkige Mulattin namens Mary Brown mit kastanienbraunem Haar, grauen Augen, sehr heller Haut und einer Ausstrahlung stiller Unschuld, die ihrem Ruf allerdings vollends entgegenstand. Eine kleine, biegsame Mulattin, eine blaue Schleife im Haar, die ebenfalls gehörige Bewunderung auf sich zog und dafür bekannt war, *Breakdowns* zu tanzen, hat erst unlängst wegen schweren Diebstahls eine Haftstrafe im Gefängnis verbüßt. Eine weitere Frau unter den Anwesenden, eine riesenhafte Negerin, die ein rot kariertes Tuch trug und schon durch ihre immense Kraushaarpracht auffiel, war, wie wir erfuhren, der Polizei als eine der geschicktesten Diebinnen bekannt. Einer ihrer beliebtesten Tricks war es, jemanden beim Tanzen zu bestehlen und das gestohlene Geld dann in ihrem Haar zu verbergen.

«Wie viele der Anwesenden führen Ihrer Ansicht nach Messer mit sich?», fragten wir Schutzmann Tighe.

«Alle», lautete die Antwort. «Alle Männer, aber auch die Frauen haben Messer oder Rasierklingen dabei. Viele von ihnen auch Pistolen. Aber zanken tun sie sich selten, höchstens um ein Mädchen. Ihr großes Laster ist das Klauen. Raufereien werden hier unten in der Regel von weißen Schlägertypen angezettelt, die in diesem Teil der Stadt nichts zu suchen haben und nur herkommen, um Straftaten zu begehen.»

Die Musiker stimmten jenes eigentümliche, wild-lebendige Lied an, das vielen unserer Leser vielleicht als «Devil's Dream» bekannt ist und «in dem ein geisterhaftes Katz-und-Ratte-Spiel musikalisch darstellt wird», in einer Abfolge von der Fiedel erzeugter «Miaus» und «Piepsern». Die Tänzer tanzten eine doppelte Quadrille, zunächst schweigend und flink, kamen durch das wilde Temperament der Musik dann aber in Stimmung, hüpften und schrien und lupften einander vom Boden, hielten dabei aber derart präzise den Takt, dass das Gebäude im Rhythmus der Musik erzitterte. Die Frauen umfassten, fiel uns auf, beinahe ausnahmslos beim Tanzen die Männer im Nacken, die Männer hielten sich bei ihnen an der Taille fest. Mitunter vollführten die Männer im Näherkommen einen Satz und kreuzten die Beine zu einem Double Shuffle, und das so flink, dass es kaum sichtbar war. Dann wechselte die Musik zu einem alten

Virginia-Reel, und auch die Art des Tanzes änderte sich dementsprechend, bot jetzt das wohl grotestkeste Schauspiel, das man sich vorstellen kann. Der Tanz wurde wild, die Männer schlugen sich auf Schenkel und Hüften und schrien, die Negerfrauen tanzten mit phantastischer Anmut, ihre Körper beschrieben schier unglaubliche Verrenkungen nach vorn und zurück, Gliedmaßen verflochten sich in einem Ringkampf rasant miteinander und mit der Musik, eine Flutwelle wogender Körper, emporgeworfener Arme und fliegender Haare erfüllte den Raum. Im Kontrast zu ihren dunklen Kumpaninnen wirkten die weißen Tänzerinnen plump, schwerfällig und unbeholfen, sie waren nicht vom Geist der Musik erfüllt und erschienen dem sie umgebenden Leben gegenüber anormal. Noch einmal wechselte die Musik – zu einem beliebten Negerlied, dessen Refrain lautet:

Don't get weary,
I'm goin' home.

Die Musiker begannen zu singen, die Tänzer fielen ein, und die Nummer kulminierte in einem Getöse von Gesang, stampfenden Füßen, *Patting Juba*, Rufen, Lachen und Taumel. Selbst die neugierigen Zuschauer klopften unfreiwillig den Takt mit den Füßen mit. Alle waren von der Musik schier betrunken, vom Tanz berauscht. In derartigen Szenen findet der Schauermann sein Paradies, und dieses Paradies ist ganz sicher nicht zu verachten.

Das legendäre Tanzlokal der Stauer war dereinst «Pickett's» in der Sausage Row, aber Jahr für Jahr war der Fluss hinaufgekommen und hatte all die schmuddeligen Saloons in den Rows geflutet und im Rückzug angeschwemmte Schichten gelben Schlamms und die Atmosphäre rheumatischer Feuchtigkeit hinterlassen. Vor ungefähr zwei Monaten also hatte Pickett seine alten Räumlichkeiten vermietet, teils als Friseurladen, teils als Schießbude, und war in die Nr. 91, Front Street gezogen, zwischen Ludlow und Lawrence. Er hat das ganze Gebäude von Grund auf renovieren lassen und die Fassade hübsch gestrichen. Der Keller auf der Flussseite wird nun als Tanzraum genutzt, aber der Raum ist sehr klein und wird nicht einmal die Hälfte der Tänzer aufnehmen können, die sich in dem alten Gebäude versammelt hatten. Den oberen Teil des Gebäudes vermietet der Alte an Flussschiffer und ihre Frauen oder Mätressen, während der zweite Stock ein Restaurant und Speiseräume beherbergt, die sehr hübsch hergerichtet sind. In welcher Weise der Alte sich auch versündigt haben mag, Picketts Herz jedenfalls ist derart groß, dass seine selbstlose Nächstenliebe für alle reicht. Jahr um Jahr, in guten wie in schlechten Zeiten, hat er Tag für Tag fünfzig oder sechzig wohnungslose und bedürftige Stauer ernährt und untergebracht.

Manchmal, wenn es «aufwärtsgeht» im Flussschifffahrtsgewerbe und alle Schiffe Vollzeit unterwegs sind, vergilt es ein dankbarer Deckarbeiter seinem Wohltäter, aber das kommt sehr selten vor. Und der Alte fragt auch nie danach oder erwartet es, sagt lediglich: «Jungens, wenn ihr euer Geld ausgeben wollt, tut es hier.» Und obwohl er mittlerweile sehr alt und wegen eines Bruchs beinahe wehrlos ist, braucht Pickett lediglich auf den Tresen seines Saloons zu klopfen, um für sofortige Ruhe zu sorgen. Die Stauer werden den Alten vermissen, wenn er nicht mehr ist – das warme Eckchen zum Schlafen, die einfache, aber großzügige Mahlzeit, wenn sie aus der Koje krochen, und die raue Freundlichkeit seiner üblichen Antwort einem mittellosen, hungrigen und zitternden Anwärter auf Essen und Logis gegenüber: «Verflucht noch mal, verdient hast du's nicht. Doch komm mal rein, aber benimm dich.» Der Tag ist nicht fern, an dem entlang der Deiche großes Wehklagen anheben wird.

Bis auf Ryans Tanzdiele und ein oder zwei Quartiere in Bucktown frequentieren die Schauermänner hauptsächlich die Rows, vorwiegend Sausage Row, zwischen Broadway und Ludlow Street. Rat Row, zwischen Walnut und Main, ist eher der Ort der weißen Tramps und Stauer. Hier findet sich das berühmte «Blazing Stump», auch «St. James Restaurant» genannt, das von einem Holländer namens Venneman geführt wird. Venneman nimmt nur Weiße auf und bemüht sich, ein gesittetes Haus zu führen, aber der «Blazing Stump» wird immer ein Zufluchtsort für Diebe, Einbrecher und Kriminelle jeder Art bleiben. Der «Stump» befindet sich in der Rat Row Nr. 13. Die Nr. 16 beherbergt eine Pension für schwarze Stauer, geführt von James Madison. Die Nr. 12 ist ein Geschäft für Versicherungspolicen, gibt aber vor, ein Saloon zu sein, und die Geschäfte werden so raffiniert abgewickelt, dass die Polizei ohne Sondergenehmigung keine Handhabe hat, den Laden zu schließen. Die Nr. 10, die als «Buckner's» bekannt war, ist ein weiterer Treffpunkt für schwarze Schauermänner. Vor dem Etablissement ist eine gezähmte Krähe angeleint, die sehr mutig ist und allen Katzen und Hunden des Viertels Beine macht. An sonnigen Tagen watschelt sie den Gehsteig einher und pickt wie wild nach jedem Fremden, der sich mit ihr anlegt. Aber in dem Augenblick, in dem sie den Schutzmann den Damm entlangkommen sieht, rennt sie zurück ins Haus.

Die Nr. 7 – Goodmans's Kleidergeschäft – gilt gemeinhin als «Grenze». Am westlichen Ende der Row befindet sich Captain Dilgs viel gelobtes Wirtshaus, ein beliebter und gastfreundlicher Ort, der von Lotsen und der respektabelsten Klasse der Flussschiffer frequentiert wird. Am östlichen Ende der Row liegt der bekannte «Alhambra Saloon», eine beliebte Zuflucht der schwarzen Docker, der mit Zigarren und Whiskey der billigsten Sorte große Profite erwirtschaftet. Die Firmen, die häufig Schauermänner anheuern, haben mit dem Besitzer irgendeines Kaffeehauses oder Saloons eine private Übereinkunft und gehen stets dorthin, um ihre Hilfsarbeiter zu entlohnen. Der Erste von ihnen schmeißt dann eine Runde, dann ein anderer und so weiter, bis das ganze gerade erst durch die harte Arbeit eines Tages verdiente Geld in der Kassenschublade liegt und die Stauer restlos betrunken sind.

Von den beiden Rows ist Sausage Row wohl die bekannteste. In der Nr. 1 residiert der alte Barney Hodke, der sich einen recht guten Ruf damit erworben hat, ein absolut gesittetes Haus in einem sehr ungesitteten Viertel zu führen. Die Nr. 2 beherbergt Cottonbrook's Kleidergeschäft alias das «Amerikanische Kleidergeschäft», von dessen Eigentümer gesagt wird, er habe ein Vermögen damit gemacht, den Negerstauern billige Kleidung zu verkaufen. In der Nr. 3 befindet sich Mrs Sweeneys Saloon und Pension, ein ordentliches Lokal zum Zeitvertreib der Flussschiffer. Die Nr. 4 ist ein Speiselokal mit Herberge für Schauermänner, geführt von Frank Fortner, einem Weißen. In der Nr. 6 befindet sich ein Friseurladen für Schwarze, an den sich ein Bekleidungsgeschäft anschließt. Die Nr. 7 ist ein Haus von schlechtem Leumund, geführt von einer Weißen, Mary Pearl, die eine Reihe bedauernswerter weißer Mädchen beherbergt. Dies ist ein sehr beliebter Treffpunkt für schwarze Männer.

Nr. 8 ist «Maggie Sperlock's». Maggie besitzt in Bucktown einen weiteren Saloon. Sie ist eine sehr fettleibige und gutherzige Mulattin, die ein halbes Dutzend unehelicher Kinder großzieht, die von ihren Eltern verlassen wurden. Eines davon, ein sehr hübscher Junge, ist angeblich der Sohn einer weißen Dame, die sich in guten Kreisen bewegt, und eines Schwarzen.

Nr. 9 heißt nun «Chris Meyer's». Als Meyers Frau noch lebte, war es als «Schwabe Kate's» bekannt. Es ist unter den deutschen Tramps ein beliebter Treffpunkt.

Gleich daneben kommen ein Friseur und eine Schießbude – «Long Branch» und «Saragota». Diese waren dereinst von Pickett okkupiert gewesen.

Ein paar Häuser weiter östlich befindet sich Chas. Redmans Saloon, geführt von einem verkrüppelten Soldaten. Dies ist ein weiterer beliebter Treffpunkt für Stauer, wo hin und wieder Raubüberfälle stattfinden. Und noch ein wenig weiter östlich liegt Picketts neues Hotel. Auf diesen beiden Rows haben die Schutzmänner Brazil und Knox während der letzten zwei Jahre nicht weniger als zweihundertfünfundsechzig Festnahmen gemacht. Die größten Störenfriede finden sich, natürlich, in Reihen der weißen Tramps.

Eine Reihe der schwarzen Docker sind geschickte Diebe. Sie arbeiten zwei oder drei Monate und «setzen sich dann zur Ruhe», bis ihre gesamte Barschaft den Weg in die Whiskeyläden und Bordelle gefunden hat. Die kleinen Bekleidungs- und

Schuhgeschäfte den Deich entlang werden beinahe täglich von diesen Zeitgenossen, die sich durch raffinierte Trickbetrügereien hervortun, einiger Artikel beraubt. So betritt zum Beispiel ein Schauermann mit erloschener Zigarre und den Worten «Hör mal, Bohss, gib einem Freund hier doch mal Feuer» einen Laden. Und während der «Bohss» dem Besucher Feuer gibt, der stets darauf achtet, zwischen dem Eigentümer und der Tür zu stehen, stiehlt sich ein Komplize mit einem Paar Schuhe davon. Ein Typ namens «China Robinson», der häufig bei Madison herumhängt, soll für derlei Tricks berühmt sein. Die Polizeibeamten allerdings werden es keinem bekannten Faulpelz oder Dieb gestatten, für mehr als dreißig Tage ohne Beschäftigung am Deich herumzuhängen. Es gibt immer etwas zu tun für die, die etwas tun möchten, und Stauer, die in Müßiggang und im Dreck verharren, werden, nach ein oder zwei freundlichen Verwarnungen, ins Armenhaus geschickt.

Die Hälfte der schwarzen Docker trug einst lediglich Jacke und Hosen, sommers wie winters, nun aber achten sie etwas besser auf sich, aus Angst, ins Armenhaus geschickt und dort einer Reinigung unterzogen zu werden. Folglich hat Officer Brazil, wann immer er ein sehr zerlumptes und dreckiges Exemplar des Hafenlebens auf der Row aufgabelt, selten die Gelegenheit, denjenigen mehr als einmal zu ermahnen, sich ein Hemd zu kaufen und sich andere Sachen anzuziehen.

Die Frauen hingegen bereiten generell äußerst wenig Ungemach. Einige der weißen Mädchen, die jetzt in Picketts Verschlägen oder in den Bordellen von Bucktown leben, sind von respektabler Herkunft. Zwei der berüchtigsten sind Schwestern und haben eine traurige Vorgeschichte. Und doch sind sie sogar ziemlich hübsch. Diese Frauen sind allesamt Morphiumesserinnen, und ihre größte Angst ist es, ins Armenhaus geschickt zu werden und auf diese Weise des Stimulans beraubt zu sein. Einige von denen, die man ins Armenhaus geschickt hatte, waren, wie man uns erzählte, an dem Verlangen danach gestorben. Die weißen Mädchen der Row indes sterben ohnehin früh. Ihre Leben werden häufig von giftigem Whiskey und maßloser Ausschweifungen verzehrt, nachdem sie nur zwei oder drei Jahre im Viertel verbracht haben. Alles in allem behandeln die Schauermänner ihre Frauen freundlich, mit der ihnen eigenen groben Gutmütigkeit. Viele der Frauen sind tatsächlich verheiratet. Aber im Hafenviertel wird die Treue zu einem Stauerehemann als ziemlich unmögliche Tugend erachtet. Die Schauermänner sind meist zu sorglos und zu faul, um ihre «Mädchen» wirklich versorgen zu können. Während die Männer auf Reisen sind, redet das Mädchen pausenlos davon, was es sich wird kaufen können, «wenn mein Mann zurückkehrt – und falls er überhaupt Geld hat». Wenn der Liebste dann tatsächlich zurückkehrt, manchmal nach einem Monat der Abwesenheit, wird er seinem «Mädchen» fünfzig Cent oder vielleicht höchstens einen Dollar schenken und denken, er habe sich großzügig gezeigt. Wir verallgemeinern natürlich hier und meinen das Gros der schwarzen Schauermänner, die ihr ganzes Leben lang «den Fluss befahren» und keinen anderen Beruf haben. Es erübrigt sich zu erwähnen, dass es natürlich sparsame und tüchtige Stauer gibt, die ihre Familie sehr gut unterstützen und schließlich den Fluss verlassen, um eine lukrativere Arbeit anzunehmen.

Dies ist ein flüchtiger Blick auf das Leben der Stauer. Sie kennen kein anderes, und andere Freuden sind ihnen fremd. Ihre ganze Existenz ist ein Tableau ersehnter animalischer Lust oder animalischen Elends; der gewaltigen Plackerei unter der glühenden Sommersonne und im eisigen Glast des Wintermondes; brennend-scharfer Schnäpse und trunkener Träume; des Irrsinns der Musik und des Rauschs phantastischer Tänze; weißer und schwarzer Mätressen, die an den Anlegern ihr Kommen erwarten; der tiefen Klänge der großen Dampfpfeifen; der Feuer der Fackelkörbe, die rötlich auf dem violetten Wasser tanzen, der weißen Sterne, die droben einhergleiten, der vorbeiziehenden Lichter wohlbekannter Hütten entlang der dunklen Flussufer und des gewaltigen Pochens der eisernen Herzen der großen Schiffe, die sie Tag für Tag und Nacht für Nacht zu neuen Szenerien menschlicher Schwachheit tragen und näher zu jener düsteren Uferböschung hin, wo seltsame Boote ohn' Unterlass ihre Geisterfracht löschen und leer wieder ablegen.

AUFGEKNÜPFT

Die Hinrichtung eines jungen Mörders –
schockierende Tragödie in Dayton.
Ein gerissenes Seil und ein zweiter Versuch –
abscheuliche Szenen hinter dem Galgenpodest

Die Hinrichtung von James Murphy gestern Nachmittag in Dayton wegen des Mordes an Colonel William Dawson am Abend des 31. August 1875 in ebenjener Stadt war ein Ereignis, das muss gesagt werden, dem die Menschen des Montgomery County mit nicht gerade geringer Genugtuung entgegengesehen hatten. Der Mord war vor allem deshalb besonders abscheulich gewesen, weil er ohne auch nur den Hauch einer Provokation verübt worden war. Das Opfer war ein achtbarer und geschätzter Bürger gewesen, und die öffentliche Meinung hinsichtlich des Verbrechens war schon hinreichend dadurch zum Ausdruck gekommen, dass die Obrigkeit der Stadt nach Murphys Festnahme gezwungen gewesen war, das Militär zu Hilfe zu rufen, um das Anrecht der regulären Justiz, sich um den Kriminellen zu kümmern, durchzusetzen. Colonel Dawson war, man mag sich erinnern, offenkundig aus keinem anderen Grund ermordet worden als dem, einer Gruppe Betrunkener die Erlaubnis verweigert zu haben, eine private Hochzeitsfeier zu stören. Der Colonel war Bezirksdirektor der Pflugmaschinenwerke Champion in Dayton gewesen, und da der Bräutigam dort beschäftigt war, hatte der Colonel auf Anfrage die Organisation des Hochzeitsballs übernommen. Als Murphy der Eintritt verweigert worden war, hatte er einen seiner Kumpane, Lewis Meyer, dazu überredet, den Colonel unter dem Vorwand nach draußen zu locken, ihm einen Drink spendieren zu wollen, und gleich nachdem die Einladung angenommen worden war, hatte Murphy Dawson geschlagen und während des folgenden Handgemenges dem Colonel plötzlich ein langes Messer bis zum Heft in die linke Seite gerammt. Das Opfer dieses feigen Angriffs hatte danach nur noch einige Augenblicke lang gelebt und war dann, ohne dass es seinen Mörder eindeutig hätte identifizieren können, verstorben.

Die Indizienbeweise allerdings deuteten eindeutig darauf hin, dass Murphy der Täter und Meyer sein Komplize war, und so wurde Ersterer zum Tode verurteilt und Letzterer, des Totschlags überführt, zu einer zweijährigen Haftstrafe im Staatsgefängnis. Das Urteil war am 28. April ergangen, nachdem sich die Geschworenen im ersten Verfahren im Februar uneins gewesen waren, was ein zweites erforderlich gemacht hatte.

Das junge Alter des Sträflings – er war gerade einmal neunzehn Jahre alt – vermochte es nicht, so eigentümlich es erscheinen mag, auch nur einen Fünkchen Mitgefühl mit seinem erbärmlichen Schicksal zu erwecken. Er war ein hellhäutiger Junge mit braunen Haaren und ohne Bartwuchs, recht langen Gliedern und einem harten, bösen Mund. Die trüben, einen unverwandt musternden grauen Augen überschattete ständiges

Stirnrunzeln. Die fast kühne Stirn verdeckte ein Schopf krauser, heruntergekämmter Locken zur Hälfte – während sein Gesicht, kurz gesagt, trotz seiner Boshaftigkeit nicht einer gewissen Ebenmäßigkeit entbehrte. Seine Eltern waren hart arbeitende Iren, aber sein eigenes Aussehen lieferte wenig Beweise für keltisches Blut.

Womöglich hatte das hartnäckige Leugnen seines doch offensichtlichen Verbrechens, beinahe bis zuletzt, einen nicht gerade kleinen Einfluss auf die öffentliche Meinung über den Sträfling gehabt. Kam hinzu, dass er seit Langem als wertloser Drückeberger und frühreifer Rüpel in der Stadt berüchtigt gewesen war, der ständig in irgendwelche Straßenschlägereien, Streitereien unter Alkoholeinfluss oder brutale Gewalttaten verwickelt war. Vor dem Mord an Colonel Dawson war er zudem bereits seit Längerem der großspurige Anführer einer Horde junger Schlägertypen im Alter zwischen neunzehn und zwanzig Jahren gewesen, die in Dayton unter dem Namen «Kettenbande» bekannt war.

Die Mutter des Jungen war gestorben, als dieser noch sehr klein gewesen war, an einem Heim und der Zuneigung seines alten Vaters aber hatte es ihm nicht gefehlt, zudem der von Brüdern und Schwestern – an Letzteren soll er sich, so wird erzählt, in Anwandlungen betrunkener Leidenschaft brutal vergangen haben. Nun könnte man an dieser Stelle darüber räsonieren, welche Folgen es aus religiöser Sicht zeitigt, wenn früher Tadel einfach ignoriert wird, und, aus philosophischer Sicht, auf die Tatsache eingehen, dass der unglückselige Knabe bereits eine bösartige Disposition geerbt hatte und dass man diesen Neigungen, ganz gleich, mit wie viel Tadel, ohnehin nicht hätte beikommen können. Die Faktenlage in diesem Fall war aber schlicht die, so stellte es sich dem Reporter dar, dass ein bedauernswerter, ungebildeter, heißblütiger Junge mit einem mittelmäßigen, derben Gesicht in der Hitze trunkenen Zorns einem Mitmenschen das Leben genommen und nun in Form von hundert Tagen geistiger Folter und einem abscheulichen Tod die Strafe für seine Affekttat zu zahlen hatte.

Es gibt unter den Lesern dieses Artikels sicher viele, die bei der Lektüre der berühmten Geschichte vom «Eisernen Grabtuch» erschaudert sind. Sie erinnern sich womöglich, dass das Opfer, in den Mauern eines Verlieses eingekerkert, in das durch sieben Fenster Licht einfällt, feststellt, dass an jedem Tag seiner Gefangenschaft eines der Fenster für immer verschwindet. Erst sind es sieben, dann sechs, dann fünf, dann vier, dann drei, dann zwei, dann nur noch eines – trüb und undurchsichtig –, dann herrscht nur noch nachtschwarze Finsternis, die die gestaltlose Düsternis des Todesschattens ankündigt. Und durch die dichte Dunkelheit hindurch dröhnen, Stunde um Stunde, die entsetzlichen Klänge einer riesigen Glocke, kündigen dem Opfer das unaufhaltsame Herannahen der gefürchteten Mitternachtsstunde an, zu der die Wände seine Knochen zu Staub zermahlen werden. Niemand hat die Geschichte der Burg Tolfi je gelesen, ohne dass ihm das Grauen Schauer über den Rücken hätte laufen lassen. Dabei sind die darin von einem raffinierten Schriftsteller beschriebenen Qualen letztlich bloß eine Steigerung der Folter, der verurteilte Straftäter regelmäßig in unseren Gefängnissen ausgesetzt sind – nicht aber für sieben Tage, fürwahr, sondern für hundert. Und das nennt man Gnade des Gesetzes – den jämmerlichen Sträfling dazu zu zwingen, einhundert Tage lang das langsame, aber unaufhaltsame Herannahen des entsetzlichsten und schmachvollsten Todes zu ertragen! Man stelle sich vor, wie grässlich die Berechnung der verbleibenden Zeit im Kopfe sein muss, die es zu erdulden gilt – «neunundneunzig, achtundneunzig, siebenundneunzig, sechsundneunzig, fünfundneunzig», bis schließlich die Lebensspanne auf sieben armselige Tage verkürzt ist, die ebenso angsteinflößend rasch vergehen wie jene des Mannes im «Eisernen Grabtuch». Und dann den schwarzen Galgen mit dem noch schwärzeren Geheimnis unterhalb der Klappe, das Meer der neugierigen und mitleidslosen Menschen, den Moment höchster Anspannung, nachdem die zobelbraune Kapuze das Licht der Welt vor seinen Augen hat erlöschen lassen. Aber die Vollendung und Krönung dieser Pyramide des Grauens liefert erst die Aussicht auf ein brüchiges Seil, auf das unvermittelte Entsetzen deswegen und die Momente größter Qual, in denen all das erneut erduldet werden muss. Es ist grausame Dummheit anzunehmen, dass der Straftäter, weil er unwissend, ungebildet, antriebslos und phantasielos ist, nicht in der Lage sei, entsetzlich darunter zu leiden, derart auf die Folter gespannt zu werden. Das aber wurde von Zuschauern der Hinrichtung gestern angenommen, und zwar häufig. Dieser Ansicht sind wir nicht. Der Sträfling war ein junger und starker, ein heißblütiger und stürmischer junger Mann, mit ebenjener derben animalischen Vitalität gesegnet, die bei Männern dafür sorgt, dass sie besonders stark am Leben hängen, sich einfach daran erfreuen, es zu haben – dass sie schlicht in der Lage sind, zu hören, zu sehen, zu fühlen.

Auf die Gegebenheiten des Gefängnislebens des Häftlings

während seiner letzten Woche – was er aß, trank, rauchte oder sagte – könnte man als Angelegenheit von lokalem Interesse sicher näher eingehen, in diesen Spalten allerdings soll dies außen vor bleiben. Allerdings gibt es da eine Geschichte, ebenjenes Gefängnisleben betreffend, die einfach zu eigentümlich und zu kurios ist, um sie einfach auszulassen. Offenkundig hatte der junge Murphy eine besondere Zuneigung zu Tom Hellriggle entwickelt, einem Deputy Sheriff aus Montgomery County, der sich seit seiner Verlegung von der Zelle in eine Kammer im dritten Stock, die zur Rückseite des Galgens hinausging, freundlich um ihn gesorgt hatte. Vor Kurzem hatte Murphy eines Nachts im Vertrauen zu Hellriggle gesagt: «Mir war schon seit Langem klar, ich würde einmal hängen. Wussten Sie, dass ich das bereits vor meiner Verurteilung gewusst hab?»

«Warum, woher wusstest du das denn?», fragte der Deputy neugierig.

Daraufhin erzählte ihm der Junge, er habe während des Verfahrens eines Nachts zwischen zwölf und ein Uhr eine Frau im Dunkel merkwürdig und hemmungslos weinen hören, und zwar so laut, dass das Geräusch die ganze Zelle erfüllt habe und viele der Männer davon erwacht seien und sich gegruselt hätten.

«Sie erinnern sich doch auch daran, oder?», fragte der Junge.

«In der Tat», sagte der Deputy. «Und ich weiß ebenfalls noch, dass in dieser Nacht keine lebendige Frau in der Zelle gewesen ist.»

«Nun», fuhr der Junge fort, «sie fragten mich, ob ich es gehört hätte, und ich sagte ja, aber ich tat so, als wüsste ich nicht, was es gewesen sei. Ich meine, ich hätte gesagt, kein menschliches Wesen könne so fürchterlich weinen. Dabei wusste ich, was es war, Tom – *ich habe die Frau gesehen.*»

«Wer war sie denn?», fragte Tom voller Ernst.

«Es war meine Mutter. Und ich wusste, warum sie so eigenartig weinte. Sie weinte um mich.»

Nur wenige Männer, die die Todeszelle betreten und sie erst wieder verlassen, wenn es in Richtung Galgen geht, haben in der Zwischenzeit nicht das starke Verlangen verspürt, ihrem Leben selbst ein Ende zu setzen, in den meisten Fällen dann aber wieder davon Abstand genommen, das auch in die Tat umzusetzen, mehr wegen der religiösen Furcht vor dem dunklen und vagen Etwas nach dem Tode als aufgrund irgendeiner körperlichen Angst. Das schien auch bei Murphy der Fall zu sein. Als alle Hoffnung, bis auf jene auf Vergebung durch den alles vergebenden Vater, in ihm erloschen war und der Gouverneur von Ohio ihm weder eine Begnadigung noch eine Strafmilderung einzuräumen bereit war, hatte der Häftling begonnen, den Ermahnungen Father Murphys wesentlich andächtiger zu lauschen, eines fettleibigen, rotwangigen irischen Priesters, der ein aufrichtiges Interesse für das «geistige Wohl» seines Namensvetters hegte. Schon bald zeigte er Reue für seine Tat und willigte sogar ein, alles öffentlich zu gestehen – ein Akt, der, bedenkt man einmal die Rahmenbedingung genauer, ein weit größeres Maß an Männlichkeit unter Beweise stellt, als das Geheimnis «mutig» mit ins Grab zu nehmen.

Kurz darauf händigte er Deputy Sheriff Hellriggle ein kleines, scharfes Messer aus, das er trotz der Wachsamkeit seiner Wächter hatte verbergen können. «Ich würde mir jetzt nicht mehr das Leben nehmen», sagte er, «auch wenn man mich zweimal hängen müsste.» Zu dem Zeitpunkt hatte der arme Tropf natürlich keine Ahnung, dass er tatsächlich das verhängte Strafmaß zweimal zu ertragen haben würde. Jedenfalls wurde deutlich, dass er zuvor oft über Selbstmord nachgedacht hatte, kam er in einem anderen Gespräch mit seinem Bewacher doch auf gewisse erfinderische und neuartige Methoden der Selbstentleibung zu sprechen, die er für sich ins Auge gefasst hatte. Dass der Straftäter selbst unter den schwierigsten Umständen ein außergewöhnliches Maß an Ruhe und Selbstkontrolle besaß, kann nicht einen Moment lang bezweifelt werden. Genauso wenig aber kann davon ausgegangen werden, dass dieser Mut lediglich Ausdruck eines besonders dumpfen Phlegmas und natürlicher Unempfindsamkeit war. Niemand aus der Familie schien von übermäßiger Empfindsamkeit zu sein, wie ein Blick in die Gesichter der Besucher der Todeszelle uns deutlich machte. Als James' ältester Bruder, ein rotgesichtiger junger Mann von zwanzig Jahren, den Häftling vorgestern besuchte, erklomm er den schwarzen Galgen, der vor der Zellentür errichtet worden war, und vollführte nach einigen lustigen Bemerkungen doch tatsächlich einen Double-Shuffle auf der Falltür, bis Sheriff Patton, der den Krach gehört hatte, ihn unverzüglich den Korridor hinunterjagte. Aber James' Verhalten im Gefängnis, der Abschied von der Verwandtschaft, seine Sensibilität gegenüber gewissen Geschichten, seine vergangene Karriere betreffend, und nicht zuletzt die Tatsache, dass ihn unter dem furchtbaren und vollkommen unerwarteten Druck der Mut dann tatsächlich verließ, stellt klar unter Beweis, dass er keineswegs ein so brutales und gefühlloses Wesen hatte, wie behauptet worden war.

Der Galgen war am Ende des Hauptkorridors der Gefängniskrankenstation im dritten Stock des Gebäudes errichtet worden, gleich in unmittelbarer Nähe der Zelle, in die der Häftling verlegt worden war, nachdem man ihn aus dem düstereren Arrestraum darunter geholt hatte, wo er das laute Klopfen der Zimmermannshämmer und Summen der Sägen gehört hatte – Geräusche, deren grausige Bewandtnis sich ihm, auch ohne dass man es aussprach, voll erschloss. «Ah, sie errichten den Galgen!», sagte er. «Aber Angst machen tut mir der Krach eigentlich nicht.» Auf den Reporter, der die langen, weiß getünchten Korridore mit der hoch aufragenden, schwarz verhangenen und ebenholzarmigen Erscheinung am Ende bei Kerzenlicht besuchte, machten die Vorbereitungen für eine Hinrichtung unter einem Dach statt unter dem freien Himmel und an der frischen Luft doch einen befremdlichen und unheimlichen Eindruck. Die Funktionsweise eines Galgens näher zu beschreiben ist wohl kaum nötig, bemerkt werden aber soll dennoch, dass die Falltür mittels gebogener Bolzen verschlossen war, deren Enden im Rahmen an beiden Seiten der Tür in flachen Stutzen steckten oder entsprechend herausgezogen werden konnten, indem man mit dem Fuß einen Hebel bediente, der mit den Bolzen verbunden war und sie wie die Griffe einer großen Zange in Bewegung versetzte. Beachtliche Aufmerksamkeit allerdings erregte das Seil bei all jenen, die es im Vorfeld der Hinrichtung genauer in Augenschein nahmen. Es wirkte nicht wesentlich dicker als eine kräftige Wäscheleine, obwohl es aber tatsächlich eine Stärke von beinahe einem Zentimeter besaß, erweckte den Eindruck, für die Aufgabe, für die es eigens aus ungebleichtem Hanf hergestellt worden war, vollkommen unzureichend zu sein. Sheriff Gerard aus County Putnam aber, der bereits bei fünf Exekutionen amtiert hatte und als Autorität in diesen Angelegenheiten galt, hatte es mittels eines Fasses Nägel und anderer schwerer Gewichte eingehend testen lassen und hielt es für ausreichend haltbar. Ein Eimer Wasser hatte rund vierundzwanzig Stunden daran gehangen, um ihm einiges von seiner Elastizität zu nehmen. Doch der Eimer hatte sich immer wieder langsam gedreht, und es schien so, als habe sich das Seil unter dem beständigen Druck und der Bewegung an der Stelle abgenutzt und ausgedünnt, wo es in den Querbalken hineinlief. Das herabhängende Stück hatte die vorgeschriebene Länge von gut einem Meter.

Die Sinneseindrücke des unglückseligen Jungen gestern Morgen müssen sich zweifellos aus einer verworrenen Abfolge düsterer Szenen und rätselhafter Ereignisse zusammengesetzt haben. Durch die offene Zellentür konnte er den schwarzen Galgen, das Podest mit schwarzem Nesselstoff verhangen, bis hin zum letzten mechanischen Detail klar erkennen. Darüber hinaus: Vinzentinerinnen in dunklen Roben, ernst dreinblickende Geistliche mit weißen römischen Kragen, Sheriffs und Deputy Sheriffs, unerschütterlich Haltung wahrend, die immer nur noch ruhiger zu werden schienen. Polizisten in voller Uniform, die entlang des weißen Korridors sich in Grüppchen flüsternd unterhielten, hier und da in der Menge verteilt, eine Handvoll Korrespondenten und Reporter, schreibend, Fragen stellend und hin und wieder dem Häftling durch die offene Tür einen Blick zuwerfend. Ärzte, die mit ruhigem Gesichtsausdruck und gezückten Uhren miteinander sprachen, so als hätten sie es eilig, bei dem sterbenden Herzen den letzten Pulsschlag zu fühlen. Bestattungsunternehmer, geschäftsmäßig, unbewegt und bemitleidenswert, hatten sich an einem langen, hübschen, schwarzen Sarg aus Walnussholz versammelt, der mit silbernen Kreuzen verziert war und in der Ecke eines Krankenzimmers stand. Diese und andere Gestalten bevölkerten den Schauplatz von Tod und Ungnade, während es den hin und her wandernden Blicken des Verdammten nicht vergönnt war, ein letztes Mal das Licht der Sonne und einen klaren Himmel zu sehen. Bereits am frühen Morgen hatte er die notwendigen förmlichen Vorbereitungen durchlaufen, war rasiert worden, gebadet und hatte den hübschen Anzug aus schwarzem Stoff angezogen, für den ein paar Tage zuvor bei ihm Maß genommen worden war. Er hatte die Nacht über fest geschlafen, nachdem er der fröhlichen Musik der Stadtkapelle vor dem säulengesäumten Gerichtsgebäude gelauscht hatte, aber statt eines natürlichen und gesunden Schlummers war sein Schlaf wohl eher die Folge körperlicher und geistiger Erschöpfung aufgrund der ihn heimsuchenden Angst gewesen. Er war um sieben Uhr aufgestanden, hatte in Anwesenheit des Sheriffs ein umfassendes Geständnis abgelegt, die Messe gehört, Father Murphys Ermahnungen gelauscht, ein leichtes Frühstück eingenommen und diverse Zigarren geraucht. Father Murphys mahnende Worte, vorgetragen in einfachen Worten und mit stark ländlichem irischen Akzent, kamen uns unbeteiligten Zuhörern irgendwie seltsam vor, besonders als er zu bedenken gab, dass «das Fleisch und Blut Christi, das zu essen selbst die Engel nicht würdig waren», dem jungen Mann Kraft verleihen würde, «seinem Gott gegen ein Uhr entgegenzutreten». Sollte aber christlicher Glaube je geholfen haben, die letzten Momente eines jungen Delinquenten erträglicher zu machen, dann in diesem Moment. Und es war außerdem dem freundlichen, aber nachdrücklichen Bemühen des kleinen Geistlichen zu verdanken, dass der Jugendliche öffentlich ein volles Geständnis ablegte. Dies ist sein Geständnis:

Montgomery County Jail,
Dayton, O., 24. August 1876

An Warren Munger und Elihu Thompson, meine Anwälte:

Ich möchte Ihnen hiermit sagen, wie der Öffentlichkeit auch, dass ich es, seit Sie meine Anwälte sind, bis heute bei jeder Gelegenheit abgestritten habe, William Dawson geschlagen und getötet zu haben, ein Verbrechen, für das mir jetzt die Todesstrafe droht. Ich habe diese Angaben in der falschen Hoffnung und dem Glauben gemacht, es würde mir vielleicht helfen, und deshalb habe ich auch jemand anderem die Schuld gegeben, Charles Tredtin. Jetzt, wo keine Hoffnung mehr besteht, möchte ich Ihnen sagen, dass Sie als Anwälte alles getan haben, was Sie konnten, und dass ich mit Ihren Bemühungen in meiner Sache vollauf zufrieden bin. Jetzt indes bin ich gewillt, all das öffentlich zu machen, was ich über den Mord an Colonel William Dawson weiß, und ich möchte dieses Statement abgeben, weil mir der Tod bevorsteht und ich nicht mit einer Lüge auf den Lippen sterben will. Ich will nicht, dass Tredtin für den Rest seines Lebens als derjenige gilt, der Colonel Dawson erstochen hat, und möchte, dass auch bei Meyers der Gerechtigkeit Genüge getan wird, denn er ist vollkommen unschuldig und hatte in keinster Weise etwas mit der Ermordung Dawsons zu tun. Dies nun sind die Tatsachen:

Am Abend des Mordes waren Jim Allen, John Petty, George Petty, Charles Hooven und ich bei einer Tanzveranstaltung in der McClure Street. Von dort aus sind Hooven, George Petty und ich die Straße runter zur Barlow's Hall gegangen, weil auch dort ein Tanz stattfand, von dem wir aber erst erfuhren, als wir dort eintrafen. Wir gingen hinein und nach oben an die Bar, wo wir ein Bier tranken. Etwa fünfzehn Minuten später machten Gerdes und ich uns in Richtung Ballsaal auf, vor uns waren bereits Kline, Petty und Tredtin nach oben gegangen. Als wir die letzten zwei, drei Stufen der ersten Treppe erreichten, traf ich auf Brunner, der dort Dienst als Portier versah und mich fragte, ob ich eine Eintrittskarte hätte. Ich verneinte, woraufhin er sagte: «Dann musst du wohl wieder runtergehen.» «Alles klar», antwortete ich. Da packte Dawson mich und sagte: «Runter mit dir, oder ich werfe dich runter.» Ich riss mich los, lachte ihn aus und ging nach unten. Gerdes und ich gingen, trafen dann aber auf den Mann, der heiratete, und fragten ihn, ob er uns nicht hochlassen könne. «Natürlich kann ich das», sagte er, also ging ich mit Gerdes und dem Mann, der heiratete, wieder hoch, der Brunner anwies, uns reinzulassen. Wir gingen also in den Ballsaal, wo Kline, Tredtin und Petty schon waren. Kline meinte dann: «Wo ist denn bloß der große Mistkerl, der dich die Treppe hinunterwerfen wollte?» Und ich sagte: «Warum interessiert dich das?» Und er: «Ich will es einfach wissen.» Und ich sagte: «Da vorne steht er. Was immer du ihm sagen willst, sag's ihm einfach.» Und Kline sagte: «Oh, dieser Riesenmistkerl!» Nach ungefähr einer halben Stunde gingen Petty und ich nach unten an die Bar. Gerdes, Tredtin und Kline kamen nach, das sah ich, aber ob sie gemeinsam kamen, weiß ich nicht. Kline, Petty und ich tranken Bier. Dann gingen wir fünf wieder hinauf. Dawson und Meyers gingen runter in die Bar. Wir fünf folgten ihnen und gingen dann durch den Seitenausgang auf die Straße. Wir fingen an, uns über den Vorfall zwischen Dawson und mir auf der Treppe zu unterhalten, und einer sagte – wer es war, weiß ich nicht mehr –: «Zum Teufel mit ihm. Vor Tagesanbruch schnappen wir ihn uns.» Ich erinnere mich nicht, dass noch mehr gesagt worden wäre. Meyers war zu dem Zeitpunkt nicht bei uns auf der Straße, und es gab an diesem Abend auch sonst keine Verbindung zwischen ihm und unserer Gruppe. Zu fünft gingen wir dann wieder die Treppe hoch, wo wir Meyers und Dawson sahen. Wir verweilten dort etwa fünf oder zehn Minuten, sahen dann, dass Meyers und Dawson nach unten gingen, und folgten ihnen zu fünft, sahen, wie sie zum Seitenausgang hinaus auf die Straße gingen, und folgten ihnen auch dorthin. Nahe der Ecke der Seitenstraße und Fifth Street meinte Kline zu Petty und mir: «Ihr geht auf dieser Seite die Straße runter und wir auf der anderen.» Petty und ich folgten Meyers und Dawson mit einigem Abstand, während Kline, Gerdes und Tredtin auf die Nordseite der Straße wechselten und auf der Seite der Fifth Street in westlicher Richtung gingen. Wir sahen, wie Meyers und Dawson versuchten, an der Pearl Street bei Weidner's durch das große Tor zu kommen. Als wir aufeinandertrafen, drehte sich Dawson irgendwie herum, und ich schlug ihn mit beiden Fäusten vor die Brust. Petty schlug nach Meyers, und Meyers hielt sich an einem Pfahl fest, um nicht in den Rinnstein zu fallen, richtete sich dann wieder auf und rannte ostwärts davon. Kaum war Meyers losgerannt, rannte Petty über die Straße hinter ihm her. Von meinen Schlägen vor die Brust war Dawson ins Taumeln geraten, und er erholte sich erst wieder, als Meyers und Petty weg waren. Aber gerade als Dawson sich berappelt hatte, kamen Kline und Tredtin angerannt und verpassten ihm ebenfalls Schläge. Mein Blut war nun in Wallung. Aus der inneren Brusttasche meines Mantel zog ich mein Messer hervor und erstach Colonel Dawson. Ich tat es augenblicklich *und dachte auch nicht erst noch einmal darüber nach. Daran, ob Dawson, bevor oder nachdem ich ihn verletzt hatte, etwas sagte, erinnere ich mich nicht. Womöglich hat er etwas gesagt, aber gehört habe ich es nicht. Der Grund, warum unsere Fünfergruppe Meyers und Dawson folgte, war, dass wir es den beiden zeigen wollten. Ich sah Gerdes über die Straße auf uns zukommen, bis zu uns kam er aber nicht. Wohin Kline und Tredtin liefen, weiß ich nicht. Dawson trat auf der Fifth die Flucht in östlicher Richtung an. Als ich Dawson verletzt hatte, war ich ebenfalls nach Osten gewandt gewesen. Nachdem Dawson weggerannt war, war ich allein auf dem Gehweg, als plötzlich Frank auftauchte und mit seinem Schläger nach mir ausholte. Ich wich ihm aus und stach mit dem Messer nach ihm, weiß aber nicht, ob ich dabei seine Kleidung zerfetzt hab oder nicht. Dann schnellte ich herum und rannte los in Richtung Westen. Ich war just losgerannt, als er seinen Schläger nach mir warf, und als ich gerade über die Straße wollte, stolperte ich über die Pferdestange vor Weidner's und ließ meine Mütze und das Messer fallen. Frank feuerte mit einer Pistole auf mich, schoss just in dem Moment auf mich, als ich hinfiel. Ich stand auf und rannte über die Straße, und gerade als ich in die Gasse auf der Nordseite der Fifth Street einbiegen wollte, schoss Frank ein zweites Mal. Ich versteckte mich für eine Weile in der Gasse und ging dann nach Hause zu meinem Elternhaus, wo ich später von der Polizei festgenommen wurde. Whiskey und schlechte Gesellschaft sind mir zum Verhängnis geworden und sind die Gründe für all meine Missgeschicke. Auch an dem Abend hatte ich eine Menge Bier und Whiskey getrunken.*

Diese Aussage zum Mord entspricht den Tatsachen und ist wahr und enthält alles, was ich in der Angelegenheit sagen möchte.

James Murphy

Außerdem diktierte er einen Dankesbrief an Sheriff Patton, seine Deputies und all jene, die während seiner Haft nett zu ihm gewesen waren. Sheriff Patton kam persönlich für den Sarg des Häftlings auf, einen sehr schönen.

Um halb eins erschien Deputy Sheriff Freeman an der Zellentür, die sich direkt zu der Treppe hin öffnete, die zum Galgen hinaufführt, und stellte mit tiefer, ruhiger Stimme fest: «Die Zeit ist um, Jim. Der Sheriff will dich sehen.» Der Gefangene antwortete umgehend: «In Ordnung. Ich bin so weit.» Dann ging er in Begleitung von Father Murphy und Carey sicheren Schrittes die Stufen der Treppe hinauf. Die Arme hatte man ihm an den Ellbogen mit einer robusten Binde aus schwarzem Kattun gefesselt. In diesem Moment wirkte er vielleicht jünger und hübscher als jemals zuvor, denn ein Raunen hörbarer Überraschung seiner Erscheinung wegen ging durch die Zuschauerreihen. Begleitet von seinem Beichtvater und Father Carey, ging er festen Schrittes auf dem Podium nach vorn, und nachdem er ruhig und gelassen in die Gesichter unter ihm geschaut hatte, ergriff er mit tiefer, klarer und kräftiger Stimme das Wort, hielt dabei zwischen den Sätzen kurz inne, um von dem Priester an seiner Seite Vorschläge entgegenzunehmen.

«Meine Herren, vor dem Gericht anzugeben, Tredtin sei schuldig, war eine Lüge.

Ich denke, ich bin schuldig (dies begleitet von einem überzeugten Kopfnicken).

Mein Dank gilt Sheriff Patton, seinen Deputies und all meinen Freunden.

Ich vergebe all meinen Feinden und bitte sie meinerseits um Vergebung.

Sollte hier jemand anwesend sein, der mir in irgendeiner Weise zürnt, so erbitte ich seine Vergebung.

Dies ist mein letzter Wille.

Gentlemen, ich möchte, dass alle jungen Männer sich an mir ein warnendes Beispiel nehmen. Alkohol und schlechte Gesellschaft haben dafür gesorgt, dass ich heute hier stehe.

Und ich möchte Mrs Dawson und ihre Kinder um Vergebung bitten, denen ich im Zustand des Zorns, als ich nicht wusste, was ich tat, großes Leid zugefügt habe.

Ich glaube daran, dass Jesus mich erretten wird.»

Mit ruhiger, fester Stimme verlas Sheriff Patton dann das Todesurteil. Es steckte in einem wuchtigen schwarzen Rahmen und trug ein großes schwarzes Siegel. «Es ist meine amtliche Pflicht», sagte der Sheriff, «das Urteil zu vollstrecken, welches das Gericht gegen dich verhängt hat:

Der Staat Ohio, Montgomery County –
An William Patton, Sheriff:

Hiermit wird erklärt, dass am Gerichtshof für allgemeine Kriminal- und Zivilrechtsprechung im und für den County Montgomery und den Staat Ohio während seiner Januar-Sitzungsperiode, und zwar am 28. April 1876, nach einem vollen und unparteiischen Verfahren, ein gewisser James Murphy, derzeit in Ihrem Gewahrsam, der vorsätzlichen Tötung von William Dawson für schuldig befunden worden ist, und zwar modo et forma wie von der Jury am 30. Oktober 1875 in der Begründung erläutert, und wonach besagtes Gericht während besagter Sitzungsperiode, genauer aber am 12. Mai 1876, aufgrund erwähnter Verteilung angeordnet hat, besagten James

Murphy bis zum 25. August 1876 in Haft zu halten und ihn dann an diesem Tag daraus zu entlassen und zwischen 10 und 16 Uhr dem Tode durch den Strang zuzuführen. Hiermit weisen wir Sie also an, besagten James Murphy bis zu besagtem Tag, den 25. August 1867, in sicherem Gewahrsam zu halten und ihn dann am selben Tag in besagtem Zeitraum an dem Ort und auf die Weise, wie vom Gesetz vorgesehen, dem Tod durch den Strang zuzuführen. Nach Vollstreckung des Urteils erwarten wir unverzüglich Ihren Vollzugsbericht.

Zeuge: JOHN S. ROBERTSON, *Gerichtsschreiber*
Siegel der Stadt Dayton in besagtem County von diesem 20. Juni 1876.
[Siegel des Gerichtshofs für allgemeine Kriminal- und Zivilrechtsprechung]
JOHN S. ROBERTSON, *Gerichtsschreiber.*

Währenddessen legte Deputy Sheriff Freeman dem Sträfling die dünne Schlinge um den Hals und fesselte ihm die Unterschenkel. «Lebewohl, James Murphy, und möge Gott dich segnen!», flüsterte Patton und reichte dem Deputy die schwarze Haube. In diesem Augenblick war es auch dem Handelsvertreter gelungen, zu der kleinen Gruppe von Ärzten hinter dem Galgen vorzustoßen, und sofort nahm er seinen Posten links der Falltür ein. Im nächsten Augenblick bediente der Sheriff den Hebel mit dem Fuß, die Klappe öffnete sich, als wäre sie elektrisch ausgelöst worden, das dünne Seil oben am Galgen gab nach, und der Körper des Häftlings fiel herab und rücklings auf den Fußboden des Korridors hinter dem Podest. «Mein Gott, mein Gott!», rief

Friedman nach einem erstickten Schrei. «Gebt mir das andere Seil, schnell.» Dieses hatte man zur Seite gelegt «für den Fall, das erste Seil sollte reißen», wie man uns erklärte.

Der arme junge Straftäter war auf den Rücken gefallen, war offenbar nicht bei Bewusstsein, während ihm das zerrissene Seil um den Hals hing und die schwarze Haube ihm die Augen verschleierte. Der Reporter kniete sich neben ihn und fühlte ihm den Puls. Er ging langsam und regelmäßig. Womöglich dachte der arme Junge ja, falls er denn überhaupt noch denken konnte, dass er tatsächlich tot war – in der Finsternis des Todes, denn seine Augen waren ja verhangen –, tot und blind, was diese Welt betraf, aber kurz davor stand, seine Augen in einer anderen wieder aufzuschlagen. Eine fürchterliche Stille, die sich unmittelbar nach seinem Sturz eingestellt hatte, mochte diesen vagen Eindruck noch verstärkt haben. Dann aber waren das Keuchen und erstickte Schluchzen der Zuschauer zu hören, hastige Schritte und die entsetzte Stimme Deputy Freemans, der rief: «Gott im Himmel, so bringt mir doch das andere Seil, aber schnell!» Und dann kam ein herzzerreißendes Ächzen unter der schwarzen Kapuze hervor.

«Mein Gott! Oh, mein Gott!»

«Wieso bin ich nicht tot? Ich bin gar nicht tot!»

«Bist du verletzt, mein Kind?», fragte Father Murphy.

«Nein, Vater, ich bin nicht tot. Ich bin nicht verletzt. Was werden sie mit mir machen?»

Wie er so blind und hilflos dalag, nicht einmal wusste, was gerade geschehen war, hatte niemand den Mut, es ihm zu sagen. Der Reporter, dessen Hand noch immer das Handgelenk des Jungen umfasste, spürte, wie sich der Puls fürchterlich beschleunigte, das stürmische Pochen schrecklicher Angst. Der Junge zitterte heftig am ganzen Körper.

«Er hat einen Puls von hundertzwanzig», flüsterte einer der Ärzte.

«Was lässt man mich hier in meinem Elend liegen?», rief der junge Kerl. «Holt mich hier raus, ich flehe euch an.»

In der Zwischenzeit hatte man das andere Seil beschafft – ein doppelt gelegtes, dünnes Seil mit zwei Schlingen – und es fest am Querbalken vertäut. Der Häftling war exakt um 13.44 und 30 Sekunden durch die Luke gefallen, die zweite Schlinge war vier Minuten später einsatzfähig. Die Deputies stiegen vom Podest herab und hoben den lang ausgestreckten Körper hoch.

«Bitte tragt mich nicht», ächzte der arme Kerl, «ich kann laufen, lasst mich laufen.»

Aber diesmal trugen sie ihn hinauf, Father Murphy stützte ihm den Kopf. Der Unglückselige wollte noch einmal Licht sehen, noch einen kurzen Blick auf die Sonne erhaschen, auf die schmale Welt des Korridors und die Gesichter vor dem Galgen. Sie nahmen ihm die grässliche Kapuze ab, während die Schlinge neu justiert wurde. Sein Gesicht war fahl, die Gliedmaßen schlotterten vor Entsetzen, und plötzlich packte er Deputy Freeman an der Jacke und sagte in einem rauen Flüsterton zu ihm: «Was haben Sie mit mir vor?» Sie versuchten die Hand zu lösen, aber es war eine Kralle der Todesangst. Dann wisperte ihm schließlich der kleine irische Priester ins Ohr: «Lass los, mein Sohn. Lass los wie ein Mann – sei ein Mann. Stirb wie ein Mann.» Und er ließ los. Aber sie mussten ihn auf Abstand halten, während der Sheriff den Hebel der Luke bediente – sechseinhalb Minuten nach dem ersten Fall. Diesmal war es ein menschenwürdig rasches Unterfangen.

Der Körper fiel schwer herab, mit einem Ruck, drehte sich einmal, schaukelte zurück und nach vorn und wurde dann beinahe reglos. Vom Korridor aus war lediglich der Kopf zu sehen, vom Publikum abgewandt. Father Murphy sprenkelte Weihwasser auf den Unglücklichen. Die Halsschlagader trat deutlich hervor, und unter der schwarzen Kapuze schwoll der Nacken sichtbar an. Zu diesem Zeitpunkt lag der Puls beständig bei 100. Das Handgelenk fühlte sich heiß und feucht an, und wir bemerkten, dass die Hand darunter ein kleines Messingkruzifix fest umklammerte, das der Priester im letzten Moment dort hineingelegt hatte. Mit der Zeit wurde der Puls schwächer. Fünf Minuten später gab ihn Dr. Crum, der Gefängnisarzt, das rechte Gelenk haltend, mit 84 an. In zehn Minuten von dem Moment des Falls an war er auf sechzig runtergegangen. Nach sechzehn Minuten flatterte das Herz nur mehr, und der Puls wurde unfühlbar. Und nach siebzehn Minuten verkündete Dr. Crum, nach einer Untersuchung mit dem Stethoskop, offiziell den Eintritt des Todes.

Sogleich schnitt Sheriff Patton den Leichnam ab und legte ihn in den hübschen Sarg, der für ihn hergestellt worden war. Eine halbe Stunde später kehrten wir ins Gefängnis zurück und besahen uns das Gesicht des Toten. Es sah absolut friedlich aus, wie das Gesicht eines Schlafenden, ruhig und in keiner Weise entstellt. Es war vielleicht leicht angeschwollen, sah aber sehr natürlich aus, und es gab keine Anzeichen dafür, dass er Schmerzen gelitten hatte. Das Seil hatte im Nacken tief ins Fleisch geschnitten, und die Struktur des Hanfes hatte sich rötlich in die

Haut eingeprägt. Eine medizinische Untersuchung ergab, dass das Genick gebrochen war.

REZEPT FÜR SAUCE TARTARE

Es gibt zwei gute Arten, Sauce Tartare zuzubereiten. Probieren Sie die aus, die Ihnen zusagt, sollte es aber schnell gehen müssen, wird die zweite Variante Ihrem Zweck besser dienen als die erste. Variante 1: Fangen Sie einen *jungen* Tataren: Die alten nämlich sind äußerst zäh und ohne jeden Saft. Einen Tataren zu fangen ist grundsätzlich ein sehr unangenehmes und jedes Mal schwieriges Unterfangen.[1] Kosten würde Sie ein junger Tatar anderweitig mindestens 10000 Dollar – und vielleicht Ihr Leben, – bevor die Sache geregelt ist. Aber soll es unbedingt Sauce Tartare sein, muss man eben bereit sein, jedes Risiko einzugehen. Haben Sie einen Tataren aufgetrieben, müssen Sie ihn in aller Stille töten und dabei darauf achten, dass die Polizei von der Tat keinen Wind bekommt, da sie sich in dem Fall wohl eindeutig auf seine Seite schlagen würde. Nachdem Sie den Tataren getötet, gehäutet und gesäubert haben, trennen Sie die zartesten Teile von Hinterschinken und Oberschenkeln ab, kochen diese drei Stunden lang und mengen dann mexikanischen Pfeffer, Aloe-Vera-Blätter und Gewürze unter. Fügen Sie einen Quart Gewürzwein hinzu, und lassen Sie das Ganze bei kleiner Flamme köcheln, bis es die Konsistenz von Honig hat. Gewiss werden Sie die Sauce Tartare sehr schmackhaft finden, die sich

– unter Beigabe von etwas Santa-Cruz-Rum in Flaschen luftdicht verschlossen – lange halten wird. Der Rest des Tataren wird das nicht tun und muss daher mit Bedacht beseitigt werden. Variante 2: Nehmen Sie das Eigelb eines hart gekochten Eis, einen Teelöffel Senf, einen Teelöffel Olivenöl, ein wenig Essig, Petersilie und Gewürzgurke, und vermengen Sie alles sehr sorgfältig miteinander.

STIMMEN VOR TAU UND TAG

Stimmen des Schreckens hört sein Ohr.
Hiob, XV, 21

Noch nie zuvor hat es derart viele Obst- und Lebensmittelhänd-
ler jeglicher Sorte auf den Straßen gegeben wie heute – ein er-
freuliches Zeichen des Wohlstands und der lebhaften Zirkula-
tion des Geldes.

Gleich beim ersten Erglimmen des Sonnenlichts hallen ihre
Stimmen in den Straßen wider, und fürwahr, in dem berühmten «Book of London Cries» ist wohl nichts so kurios wie einige
dieser Werbe- und Lockrufe – dieser musikalischen Verkündi-
gungen, intoniert von Italienern, Negern, Franzosen und Spani-
ern. Der Geflügelhändler steckt seinen Kopf in jedes offene
Fenster unter «Geflüh, Madamma, Geflüh»-Rufen, und der
«Zitr-ohn – schöne Zitr-ohn!»-Verkäufer folgt ihm auf dem
Fuße. Auch die Verkäufer von «Biehr-n!», «Erd-bärren!» und
«Brumm-bärren!» sind allesamt mit kräftigen Stimmen gesegnet. Dann gibt es da einen hübschen Italiener mit einem irgendwie grimmigen Paar schwarzer Augen, der allerlei Kuriositäten
feilbietet und der das Wort «Barrabatt» zu seinem Schlachtruf
auserkoren hat – es aber italienisch ausspricht.

Er nähert sich lautlos offenen Fenstern und Türen, bohrt seinen flammenden schwarzen Blick ins Innere, um dann unvermittelt in tiefem Bass, einem Donnerkrachen gleich, «Barrabatt, Madam-a! – Bar-rabbat!» zu rufen. Dann gibt es den Melonenmann, dessen Ruf von allen Kindern nachgeahmt wird:

Melone, Melone!
Frisch und süß,
Frisch und fein,
nur ein' Dime!

Es sind dort aber auch zwei Händler unterwegs, die Dinge rufen, deren genaue Bedeutung zu ermitteln uns leider nie geglückt ist. Der eine ruft bzw. ruft vermeintlich: «A-a-a-a-ah! SIE hat». Bloß was «SIE hat», war uns bislang nicht möglich zu ermitteln, aber etwas Unangenehmes wird es sein, so unsere Überzeugung, da der Rivale des Ausrufers ständig «Ich-ich-ich! – Ich will nichts!» ruft, wobei er das *Ich* ungeheuer stark betont. Und es gibt noch einen weiteren Zeitgenossen, der offenbar etwas ruft, das sich für sittsame Ohren nicht recht eignet, dabei verkündet er im Grunde nur, dass er sehr gute Kartoffeln im Angebot hat. Dann gibt es da den Wäscheständermann, dessen musikalisch-tremolierenden Ruf man bei gutem Wetter meilenweit vernehmen kann: «Wäh-hä-hä-hä-hä-hä-hä-häscheständer!» Als trillernder Tenor ist er einfach fabelhaft. Der «Köhle-Köhle!»-Mann, ein lustiger kleiner Gascogner, ist als Sänger so bekannt, dass er über jede Kritik erhaben ist. Aber dafür ist er fast allgegenwärtig. Dann gibt es noch den Feigenverkäufer, der aber auf eine Weise ruft, dass sein «Frische Feigen!» eher klingt, als fordere er dazu auf, sich in Verschwiegenheit zu üben. Und die Pfannenverkäufer, die «Billige Pfannen!» zu rufen gedenken, in Wahrheit offenbar aber «Bin hier gefangen!» oder aber auch «Billy gehangen!» brüllen. Dann ist da noch der «Hahn-tuch»-Händler und die «Ocker-A»-Verkäufer, die offenbar nur eine einzige, indes erstklassige Farbe im Angebot haben, wollten wir den trügerischen Lauten glauben, die an unsere Ohren dringen. Auch sollten wir die «Tom-a-then!»-Händler nicht vergessen. Wir würden natürlich gern wissen, in welcher Verbindung besagter Tom wohl genau mit der griechischen Metropole steht.

Dies sind neue Rufe, bis auf vielleicht drei Ausnahmen – die ich den alten hinzugefügt habe. Über das *Calas* oder das *Plaisir* und andere kreolische Rufe werden wir uns womöglich in einer weiteren Kolumne «verbreiten». Einstweilen kann jeder, der ein bisschen Muße und einen gewissen Sinn für Humor hat, viel Freude dabei haben, den Stimmen der Verkäufer zu lauschen, die gemeinsam mit dem ersten flüssigen Gold des Sonnenaufgangs ins Zimmer dringen.

SAINT MALO

Eine Seesiedlung in Louisiana

Seit beinahe fünfzig Jahren nun existiert in den südöstlichen Sumpfgebieten Louisianas eine ganz spezielle, eigentümliche Kolonie malaiischer Fischer – Tagalas von den philippinischen Inseln. Der Ort ihrer auf Sedimenten errichteten Siedlung ist auf Karten nicht genau verzeichnet, und sowieso hat die Welt bis vor einigen Tagen überhaupt die Tatsache ihrer amphibischen Existenz ignoriert. Selbst die Post der Vereinigten Staaten hat es niemals dorthin verschlagen, und auch in der Großstadt New Orleans, weniger als hundert Meilen entfernt, wussten die Menschen besser über die Karbonzeit als über das vom Sumpf geprägte Leben dieses Manila-Dörfchens Bescheid. Hin und wieder gelangte ein Echo seiner rätselhaften Existenz bis in die zivilisierte Welt, doch es war selten von der Art, dass man versucht war, ihr nachzugehen oder den Glauben daran zu bestärken. Einmal waren redselige Italiener mit ihrem Logger und einer kleinen Ladung Muscheln in die Stadt gekommen und hatten eine lange Geschichte über eine grässliche «chinesische» Kolonie in den schilfbedeckten Sumpfgebieten südlich des Lake Borgne erzählt. Viele Jahre lang hätten die Einwohner der orientalischen Siedlung ohne eine einzige Frau in Frieden und Harmonie gelebt, es schließlich aber zustande gebracht, eine schrägäugige Schönheit von jenseits des Gelben Meers zu importieren. Das führte zunächst nur zu Meinungsverschiedenheiten und schließlich zu beträchtlichem Blutvergießen. Schließlich hatten die Ältesten den Frieden und das brüderliche Miteinander wiederhergestellt, indem sie die Frau in Stücke hacken und den Alligatoren des Bayou zum Fraß vorwerfen ließen.

Auch wenn die Geschichte stimmen könnte, wahrscheinlich klingt sie nicht. Um diesbezüglich Nachforschungen anzustellen, in der Hauptsache aber, um dem Zeichner des Harper's einen vollständig neuen Gegenstand künstlerischer Auseinandersetzung zu bieten, charterte und bestückte der *Times-Democrat* aus New Orleans einen italienischen Logger mit der nötigen Ausrüstung für eine Expedition in die fragliche, noch unerforschte Region – zu der Fischereistation Saint Malo. Und was für eine merkwürdige Reise es werden sollte! Selbst die italienischen Seeleute wussten nicht, wohin sie fuhren, keiner von ihnen hatte das Manila-Dorf je gesehen oder wusste, wo es lag.

Startet man in Spanish Fort in nordöstlicher Richtung über den Lake Pontchartrain, lässt sich bereits nach den ersten paar Meilen ein Wechsel in der Vegetation der vorbeiziehenden Ufer beobachten. Die Küste selbst verflacht, und das Tiefland strotzt vor Binsen und Schlickgras, das sich im Wind wiegt. Etwas weiter, und das Wasser trübt sich deutlich saftgrün durch die Myriaden schwebender Samen der Sumpfvegetation. Die Uferbänke schrumpfen zu dünnen Strichen zusammen, das Grüngelb der Gräser wechselt zu einem dunstigen Blau. Dann gibt es nur noch

Wasser und Himmel, regloses Blau und wogendes Lazulith, bis sich das schilfbedeckte Ödland am Point-aux-Herbes mit seinem pittoresken Leuchtturm weit hinaus in den See schiebt. Auf einem Pfahlbau ruhend, schwebt das anmutige Gebäude oberhalb der Wildnis aus Riesenschwaden- und Rohrkolbengräsern. Sieben Meilen absoluter Ödnis trennen den Leuchtturmwärter von seinem nächsten Nachbarn. Nichtsdestoweniger gibt es ein gutes Klavier, auf dem die Töchter spielen können, behaglich eingerichtete Räume und eine gute Bibliothek. Die Hauskatze hat im Kampf mit einer Mokassinschlange ein Auge verloren und ist sehr vorsichtig, bevor sie vom Balkon herunterkommt, um in der Sumpflandschaft rund ums Haus Schlangen aufzustöbern. Noch immer fahren wir in nordöstlicher Richtung. Über der mit Binsen bestandenen Uferlinie senkt sich die Sonne. Im Westen färbt sich der Himmel purpurn, wie Eisen, das zu glühen aufhört. Im roten Gegenlicht ist ein Kreuz zu erkennen. Es gibt einen Friedhof im Sumpf. Es sind die vergessenen Gräber von Leuchtturmwärtern. Seine Schwingen spreizend, tritt unser Boot die Flucht durch die Rigolets an, den kurvenreichen Wasserweg, der zum Lake Borgne führt. Wir passieren die wehrlosen Mauern von Fort Pike, einem Bollwerk ohne Geschichte, durchaus pittoresk, aber gegenüber moderner Artillerie beinahe wehrlos. Ein einzelner Sergeant und ein Hund tun hier Dienst. Vielleicht ist seine lange Einsamkeit schuld an der Einsilbigkeit des Mannes, die unendliche Stille der Landschaft, die auf ihm lastet. Schließlich tauchen das blinkende Licht des Zollhauses der Vereinigten Staaten und das riesige Skelett der Rigolets-Brücke auf. Das Zollhaus ragt auf Stelzen aus dem Riedgras hervor. Die hübsche Tochter des Inspektors kann genauso gut wie ein erfahrener Rojer mit einem Skiff umgehen. Lauschen wir hier einen Moment lang der mondlosen Nacht. Aus Süd rollt ständig ein dumpfes Grollen heran, wie das Wogen von tausend Wellen, das lang gezogene Tosen großer Brecher. Aber der riesige blinde See bewegt sich kaum, der ferne Glast eines Präriefeuers fällt nicht auf schäumenden Wogengang. Was ist es dann, dieses Dröhnen, wie Donner, gedämpft durch die Entfernung, wie das Raunen, das Seeleute weit im Inland hören, während sie daheim von Geistermeeren träumen? Nichts weiter als ein gewaltiger Chor von Fröschen, unzähliger Millionen von Fröschen, die über zahllose Meilen Sumpfland und Lagunen hinweg in der Dunkelheit singen.

Auf der Ostseite des Rigolets hat Lake Borgne seinen Grund, von einem Grasgürtel gesäumt, in Form eines gigantischen Kleeblattes festoniert – ein flacher und tückischer See, den alle Fischerboote in wildem Schrecken eilends zu fliehen suchen, wenn der Himmel sich zu einem Sturm verdunkelt. Kein Logger überlebt die Kabbelung des Sees, wenn die Golfwinde wie verrückt gehen. Um die Manila-Siedlung zu erreichen, muss man daher exakt Richtung Süden steuern, bis die sich wiegenden Rohrkolben wieder in den Blick kommen, diesmal indes hinter schlickigen untiefen Wassern von immenser Breite. Die Karte verzeichnet Tiefen, die zwischen sechs Zoll und dreieinhalb Fuß variieren. Eine Weile tasten wir uns blind am Ufer entlang. Ganz plötzlich taucht dann der Mund des Bayou auf – «Saint Malo Pass». Mithilfe von Stangen gelingt es, das Boot über eine Schlammbank zu hieven, und alsogleich schaukelt es in vierzig Fuß tiefem grünen Wasser. Wir erreichten Saint Malo an einem bleifarbenen Tag, und die Szenerie erinnerte uns in

ihrer grauen Grässlichkeit an das merkwürdige Landschafts-
bild, das Edgar Poe in «Siope: Eine Fabel im Stil der Psychologi-
cal Autobiographists» mit Worten gemalt hatte.

Aus den zitternden Gräsern und fahnengleich flatternden
Schilfrohren zu beiden Seiten erhoben sich die phantastischen
Häuser der malaiischen Fischer, auf schmalen Stelzen über der
Marsch balancierend, wie Kraniche oder Rohrdommeln, die
nach schuppiger Beute Ausschau hielten. Gleich am schleimi-
gen Mund des Bayou beginnt ein eigentümlicher Kai, lang hin-
gestreckt und genauso baufällig, verrottet und gespenstisch wie
das Holz des Geisterschiffs in der «Ballade vom alten Seemann».
Seltsame Boote drängen sich hier zusammen, während Fischer-
netze an dem knochendürren Gebälk für einen spinnennetzarti-
gen Behang sorgen. Grün sind nicht nur die Ufer und das Wasser, sondern auch, von Pilz überwuchert, jeder Balken, jede
Planke und jedes Brett der Stelzenhäuser. Alle sind in echter
Manila-Bauweise errichtet, mit riesigen hutförmigen Dachtraufen und Balkonen, aber aus Holz, da man befand, dass Palmet-
topalmen und geflochtenes Zuckerrohr dem brutalen Klima
nicht standhalten. Nichtsdestoweniger musste das ganze Holz
natürlich aus beträchtlicher Entfernung ins Bayou verschifft
werden, denn in den salzhaltigen Sümpfen wachsen keine großen Bäume. Der höchste Punkt bis zum «Devil's Elbow» in drei
oder vier Meilen Entfernung und sogar darüber hinaus liegt
nur sechs Zoll oberhalb der Niedrigwassergrenze, weshalb die
Männer, die die Häuser errichteten, auf Leitern oder anderem
Ständerwerk aus Holz stehen mussten, während sie die Pfähle
in den Boden trieben, damit der Sumpfboden sie nicht einfach
verschluckte.

Unterhalb der Häuser wechseln sich grasbestandene Flecken, Tümpel mit Wasser und Flächen grauen Schlamms ab, schartig von den Hufabdrücken der Schweine. Manchmal sind die Abdrücke von den Spuren eines Alligators verwischt worden, und ein Schwein fehlt. Hühner gibt es auch, bemitleidenswerte Kreaturen, von denen viele nur noch ein Bein haben, andere nur noch einen Fuß – die Krebse haben sie ihnen abgebissen. Alle Haustiere hier leben ausschließlich von Fisch.

Hier sind außerdem die Moskitos zu Hause, und überall im ganzen Sumpfland müssen die Fenster mit Drahtnetzen verschlossen werden. Bei Sonnenuntergang steigen die Insekten wie ein dicker Nebel über der Tiefebene auf, in der Dunkelheit kündet ein Geräusch wie von tausend brodelnden Hexenkesseln von ihrer Anwesenheit. Schlimmer noch als diese sind die großen grünköpfigen *Tappanoes*, die von der Fischer gefürchtet werden. Bei warmem Wetter greifen Sandmücken die Kolonisten an, Flöhe piesacken sie zu jeder Tages- und Nachtzeit, und Spinnen von immenser Größe machen den Netzknüpfern von Saint Malo Konkurrenz und hängen ihre Gewebe neben die Treibnetze und Fischereiutensilien. Holzwürmer sind damit beschäftigt, das Ständerwerk der Gebäude zu zersetzen, und Holzböcke attackieren die Fußboden- und Deckenbalken. Der Sumpf ringsum bietet einer sagenhaften Vielzahl von Kreaturen eine Heimstatt: Reptilien, Insekten und Vögeln. Der *Prie-dieu* – «pray-god» – lässt seinen Sopran erklingen, Teichrallen und Regenpfeifer rufen über das Sumpfland. Zahllose Schlangen verstecken sich im Schilfgras, haben außer Wildkatzen kaum Feinde, die sie mit brutaler Rücksichtslosigkeit anfallen. Ganz selten einmal verirrt sich ein Bär oder Hirsch in die Nähe des

Bayou. Dafür gibt es jede Menge Ottern und Bisamratten, Nerze, Waschbären und Hasen. Am Himmel schweben Bussarde, und hin und wieder segelt ein Weißkopfseeadler vor der Sonne hindurch.

Solcherart ist das Land: Aber seine Bewohner sind nicht weniger skurril, wild, pittoresk. Die meisten der Männer sind zimtfarben, einige wenige gelb glänzend, wie die Bronze, der vom Gießer eine kleine Menge Gold beigemengt wird. Ihre Gesichtszüge sind ungleichmäßig, ohne tatsächlich abstoßend zu wirken. Einige haben stark hervortretende Jochbeine, und bei manchen stehen die Augen etwas schräg. Ihr Haar ist für gewöhnlich tiefschwarz und glatt, bei einigen jedoch auch lockig und von eher braunem Ton. In Manila sind verschiedene Varianten der malaiischen Rasse anzutreffen, und die Siedler hier in Louisiana verkörpern mehr als einen Typus. Keiner von ihnen ist groß gewachsen, die Mehrzahl war eher klein, aber alle sind kräftig gebaut und agil wie die Flussaale. Ihre Hände und Füße sind klein, ihre Bewegungen schnell und gekonnt, dies ebenso das Seemännische betreffend, wie von Männern, die es gewöhnt sind, bei schwerem Wetter und heftigem Schaukeln an Deck zu sein. Sie sprechen Spanisch und verwenden außerdem einen malaiischen Dialekt untereinander. In der Siedlung gibt es nur einen Weißen – den Schiffszimmerer, den alle Malaien mit «Maestro» anreden. Er hat ihren orientalischen Dialekt sprechen gelernt und hat bei einigen das Sakrament der Taufe gemäß dem katholischen Ritus vollzogen, denn einige der Männer waren bei ihrer Ankunft in Louisiana noch keine Christen. Es gibt auch nur einen Schwarzen – einen portugiesischen Neger, womöglich ein Ausgesetzter aus Brasilien. Vom Maestro erfuhren wir, dass die Verbindung mit Manila noch immer aufrechterhalten und häufig Geld dorthin übersendet wird, um Freunden bei der Emigration zu helfen. Die Emigranten reisen für gewöhnlich als Seeleute an Bord eines spanischen Schiffs, das einen amerikanischen Seehafen ansteuert, um dann bei erster Gelegenheit zu desertieren. Man sagt, die Kolonie sei von Deserteuren gegründet worden – womöglich auch von verzweifelten Flüchtlingen vor der spanischen Justiz.

Innerhalb der Kolonie selbst ist die Rechtsprechung von einer seltsam primitiven Art, gibt es doch weder Magistrate noch Sheriffs, weder Gefängnisse noch Polizei. Und auch wenn die Region der Gemeinde St. Bernard zugehörig ist, so hat doch keine Amtsperson Louisianas sie jemals besucht, genauso wenig, wie es der Steuereintreiber versucht hat, sich auf den beschwerlichen Weg hierher zu machen. Während der arbeitsreichen Zeit kommen hundert grimmige Männer hier in dieser Wüstenei im Wasser zusammen und müssen nach ihren eigenen Gesetzen leben. Kommt es tatsächlich zu heftigem Streit, wird der älteste Malaie der Kolonie, Padre Carpio, mit der Schlichtung des Problems beauftragt, und für gewöhnlich werden seine Entscheidungen ohne Murren akzeptiert. Sollte es indes jemand darauf anlegen, ohne Not einen Streit zu provozieren, wird er zur Verantwortung gezogen und so lange in eine Reuse gesperrt, bis Kälte und Hunger seinen Zorn besänftigt oder der steigende Wasserpegel ihn dazu gezwungen haben, wieder Vernunft anzunehmen. Gewiss sind die Männer hier alle Katholiken, aber ein Priester besucht sie selten, kostet es doch eine beträchtliche Summe, den Beichtvater in das Herz des Sumpflandes zu bringen, damit er unter den rußigen Balken von Hilarios Haus die Messe lesen kann – unter den Schnüren mit getrocknetem Fisch.

In der Siedlung lebt keine Frau, und den Klang eines weiblichen Soprans hat man entlang des Bayou schon seit langen Zeiten nicht mehr gehört. Männer mit Familie sorgen dafür, dass sie in New Orleans, in Proctorville oder La Chinche bleiben, denn es wäre gefühllos, eine Frau zu bitten, in einer solchen Trostlosigkeit zu leben, ohne jeden Komfort und ohne Schutz während der langen Abwesenheiten der Fischerboote. Die Erinnerungen an die beiden einzigen Male, als eine Frau dort gelebt hat, werden in den Köpfen der Bewohner überliefert wie lieb gewordene Bräuche. Die Erste war nach dem Tod ihres Mannes gegangen, die Zweite hatte das Dorf verlassen, nachdem jemand verzweifelt versucht hatte, ihren Gatten zu ermorden. In tiefster Nacht war der Mann völlig unerwartet angegriffen worden, und seine Frau und sein kleiner Sohn waren ihm bei der Verteidigung zur Seite gesprungen. Der Angreifer wurde überwältigt, an Händen und Füßen mit Angelschnur gefesselt und an einen Pfahl gebunden, den man tief in den Sumpfgrund getrieben hatte. Am nächsten Morgen war er tot aufgefunden worden: Die Moskitos und *Tappanoes* hatten die Aufgabe des Scharfrichters erfüllt. Ein Freudenfest hatte man nicht gefeiert. Der Maestro hatte im weichen, grauen Schlick ein Grab ausgehoben und zuoberst ein grobes Holzkreuz gestellt, dessen Silhouette vor dem Horizont knapp oberhalb der Gräser noch immer zu sehen ist.

Das war die Geschichte, die El Maestro uns mit einer eigentümlichen Mischung aus religiösem Erbarmen mit der unerlösten Seele und einer fabelhaften Weltlichkeit, die er in vier Sprachen zum Ausdruck brachte, erzählte. «Heute leben dort nur noch Moskitos», fügte er hinzu und deutete auf das verfallene Gebäude, wo der Verstorbene einst gelebt hatte.

Wären sie nicht im Besitz moderner Schusswaffen und einer hochbetagten Uhr, würden die Seebewohner von Saint Malo den Eindruck vermitteln, genauso wenig mit der Zivilisation des neunzehnten Jahrhunderts gemein zu haben wie die Einwohner der bronzezeitlichen Seesiedlungen in der Schweiz. Hier bemisst sich die Zeit eher nach der Anzahl der Alligatorenhäute, die auf den Markt wandern, oder den bemerkenswertesten Vorkommnissen der jeweiligen Fischereisaison denn nach den üblichen Berechnungen. Und würde der Maestro nicht mit Kreidestrichen Buch führen über die Wochentage, wüsste wohl niemand, ob Sonntag oder Montag ist. Es gibt hier außerdem überhaupt keine Möbel. Kein Stuhl, Tisch oder Bett findet sich in den Behausungen dieses aquatischen Dorfes. Matratzen gibt es, gefüllt mit getrocknetem Spanischen Moos, doch diese sind auf Lagen wuchtiger Bretter ausgebreitet, die mit der Wand verstrebt sind, wo die erschöpften Fischer nächtens zwischen Fässern mit Mehl, gefalteten Segeln und geräuchertem Fisch schlummern. In der feuchten Atmosphäre hat selbst die Kleidung (in New Orleans oder Proctorville erworben) einen gleichermaßen idyllischen und kuriosen Farbton angenommen wie die Häuser des Dorfes, und in seltsamer Übereinstimmung mit dem Erscheinungsbild der alten Häuser nehmen die breitkrempigen Hüte eine grünlich-groteske Färbung an. Die Kunstschätze der Kolonie beschränken sich auf ein uraltes Zirkusplakat, das in Ehren gehalten wird, und zwei Photographien, sorgsam verwahrt in der Seekiste des Maestro. Sie zeigen eine stämmige junge Frau mit kreolischen Augen und einen grimmig dreinblickenden Franzosen mit winterlichem Bart – Frau und Vater des Schiffszimmerers. Von einer Gefühlsaufwallung begleitet, die im Kontrast zu dem wilden Charakter des Mannes ungemein pathetisch wirkte, deutete er auf die beiden, und seine Augen, neugierig und hart wie die eines Adlers, bekamen etwas Weiches, als er den alten Mann auf dem Bild küsste und murmelte: «Mon cher vieux père.»

Und dennoch ist das Leben inmitten dieser Wüstenei aus Schilf auf mysteriöse Weise mit New Orleans verknüpft, wo sich der Hauptsitz des Wohltätigkeitsvereins der Malaiien befindet – *La Union Philippina*. Stirbt ein Fischer, wird er unter dem raschelnden Schilf begraben und ein Kiefernkreuz am Kopfende seiner Grabstatt platziert. Sobald aber das Fleisch an den Knochen verrottet ist, werden diese aufgelesen und von einem Logger in die Metropole transportiert, wo sie in diesen eigenartigen Nischengräbern eingelagert werden, die an die römischen *Columbaria* erinnern.

Wie also kommt es, dass trotz dieser Verbindung mit der Zivilisation die malaiische Siedlung am Lake Borgne so lange unbekannt geblieben ist? Vielleicht aufgrund der angeborenen Wortkargheit der Menschen. Im ältesten Teil des ältesten Viertels von New Orleans gibt es noch immer, versteckt in einem Hof, ein ganz bestimmtes malaiisches Restaurant, das beinahe ausschließlich durch das Patronat spanischer Karibikseefahrer unterhalten wird. Von den Geschäftsleuten von New Orleans wissen nur die wenigsten um seine Existenz. Das *Menu* ist in Spanisch und Englisch abgedruckt, und die Preise sind moderat und angemessen. Jetzt wird es von Chinesen geführt, da der

Malaie und seine Frau mit den schräg stehenden Augen, hübsch wie eine Zeichnung auf einer japanischen Vase, fortgegangen sind. Ganz sicher hat das Stöhnen der See seine Ohren heimgesucht, wie Muscheln, und die Golfwinde ihn des Nachts gerufen, sodass er nicht bleiben konnte.

Die intelligenteste Person in St. Malo ist ein malaiischer Mischling namens Valentine. Er ist eine bestechende Erscheinung, ein flinker zwergenhafter Kerl, beinahe so breit wie hoch und braun wie altes Kupfer, mit außerordentlich wachen Augen. Er war in der Großstadt zur Schule gegangen, hatte dann aber eine gute Anstellung im Büro eines Richters aufgegeben, um zu seinem dunkelhäutigen Vater in die eigentümliche Sumpflandschaft zurückzukehren. Der Alte ist noch hier – Thomas de los Santos. Er hatte eine Weiße geheiratet, die ihm zwei Kinder gebar, den Jungen und eine Tochter, Winnie, die allerdings tot ist. Valentine ist der beste Pirogenruderer der gesamten Siedlung, und auf einem Boot prangt gar sein Name. Gegenüber dem Haus von Thomas de los Santos allerdings liegt ein anderes elegantes Boot, selten genutzt, das in Weiß auf den Namen der toten Winnie getauft worden ist. Lateinische Namen überwiegen noch immer in der Nomenklatura von Booten und Männern: Marcellino, Francesco, Serafino, Florenzo, Victorio, Paosto, Hilario, Marcetto sind gängige Taufnamen. Als einziger kreolischer Name bildet Aristide da eine Ausnahme. Es gibt eine Reihe von Loggern und Slups, die ähnlich romantische Namen tragen: *Manrico de Aragon, Maravilla, Imperatriz.* In Form heiliger Worte und Märtyrer hat die spanische Gottesfürchtigkeit einigen weiteren zu ihren Taufnamen verholfen.

Von den dreizehn oder vierzehn großen Pfahlbauten ist das

von Carpio womöglich das malerischste, dem alten Carpio, der den Ort einmal im Jahr verlässt, um in Mexiko Monte[2] zu spielen. Sein Haus besteht aus drei Gebäuden aus Holz, die so angeordnet sind, dass die äußeren beiden wie Flügel nach vorn ragen, der Anleger befindet sich vor dem zentralen Gebäude. Räucherfisch, altersgeschwärzt, hängt von der Decke, Hühner gackern am Boden, unter der Beplankung grunzen Schweine. Klein, gedrungen, dunkel und schmutzig wie sein Räucherfisch ist der alte Carpio, aber seine Augen sind hellwach und flink wie die einer Echse.

Es ist Hilarios großes *Casa*, wo die Malaiien stürmische Abende verbringen, Monte spielen oder eine Variante des spanischen *Keno*[3]. Wenn der *Cantador* (der Ansager) die Zahlen skandiert, kombiniert er die Ankündigung jedes Mal mit irgendeinem dichterisch primitiv gefassten Charakteristikum des Fischerlebens oder des katholischen Glaubens:

Pareja de uno;
Dos piquetes de rivero

Ein Paar Einser (II); die *zwei Pfähle*, an denen die Reuse befestigt ist.

Número cuatro;
La casa del gato

Die 4, das Haus der Katze.

Seis con su nuéve;
Arriba y abajo

Sechs mit der neun (69), *oben und unten.*

De dos pareja;
Dos paticos en laguna

Ein Paar Zweier (22); zwei Entlein in der Lagune oder im Sumpf – wobei die arabischen Zahlen den Fischern dieses Bild anhand ihrer Gestalt vermitteln. Anschaulich? Die Zahl 77 bringt ein ähnliches Bild zum Ausdruck – *dos gansos en laguna* (zwei Gänse in der Lagune).

Tres y parejo;
Edad de Cristo

Dreiunddreißig; das Alter Christi.

Dos con su cinco;
Buena noche passado

Fünfundzwanzig (Weihnachten); die vergangene «gute Nacht».

Nuéve y parejo;
El más viejo

Neunzig, «der Älteste». Fünfundfünfzig wird «zwei miteinander vertäute Boote» genannt, weil die Zahlen, in dieser Art gedreht so, diese Vorstellung erzeugen – *dos galíbos amarrados*. Äußerst musikalisch ist die Stimme des *Cantador*, während er fortfährt, die Zahlen in der Kalebasse zu mischen:

> *Dos y nuéve:*
> *Viente y nuéve* – 29.
> *Seis con su cuatro* – 64.
> *Ocho y seis:*
> *Borrachenta y seis* – 86 (*besoffene* achtundsechzig)
> *Nina de quince* (ein Mädchen von fünfzehn)*:*
> *Uno y cinco* – 15.

Und höflich sind sie auch, die finster dreinblickenden Männer: Es gab nicht einen Mann im Raum, der uns nicht mit einem von Herzen kommenden *Buenas noches* bedacht hätte. Auf den rohen Planken, die als Spieltisch fungieren, fertigte der Zeichner im gelben Flackerlicht der mit Fischöl betriebenen Lampen seine Skizze dieser grotesken Szenerie an.

In der Kolonie gibt es keinen Alkohol, und diesen zähen Fischern und Alligatorenjägern scheint das nicht zu schaden. Ihre Muskeln sind hart wie das Holz eines Ruders, und sie sind selten krank, auch wenn sie fast keinen Komfort kennen und sich in der Hauptsache von rohem Fisch, gewürzt mit Essig und Öl, ernähren. Es existiert im Dorf nur ein einziger Schornstein – eine hölzerne Konstruktion –, Feuer werden kaum je entzündet, und zarten Konstitutionen würden im Winter Kälte und Feuchtigkeit bald arg zusetzen.

Der Sonnenuntergang, den wir vom Balkon von Maestros Haus aus verfolgten, kam uns vor wie Zauberei. Das Stahlblau am westlichen Horizont erhitzte sich erst glutgelb, kühlte dann zu prächtigen Rottönen von erstaunlicher Wärme und Transparenz ab. Das Bayou erstrahlte feuerrot, das Grün der Marschtümpel, der zitternden Gräser und der verrottenden Holzbauten nahm bunte Bronzetöne an, und schließlich, durch den aufsteigenden Nebel immens vergrößert, lugte das zinnoberrote Gesicht der Sonne ein letztes Mal grell durch das hohe Gras am Ufer. Begleitet von den fabelhaften Chorgesängen der Frösche, zog die Nacht auf, und die ganze Ebene vibrierte und lachte im Einklang mit der wilden Musik – einer Sumpfhymne tiefer und mächtiger selbst als das am Ufer des Rigolets gehörte Anbranden: Die Welt schien davon zu erzittern!

Wir setzten die Segel, just als im Osten erneut Feuerröte aufzog, und sahen zu, wie die Sonne aufging, die Gräser vor dem lebhaften Zinnober ihres Anlitzes scharf konturiert. Darüber zogen längliche fischförmige Wolken, grünlich hinterlegt und mit irisierenden Bäuchen, den Bewohnern des grünen Wassers darunter ganz ähnlich. Vom gegenüberliegenden Ufer winkte uns Valentine zu, in der Hand eine sich wehrende *Poule-d'eau*[4], die er gerade vor einer Wildkatze bewahrt hatte. Ein paar Pirogen huschten bereits über das Bayou, riffelten das Wasser mit kleinen Wellen, halb smaragdgrün, halb orangegolden. Heller und heller wurden die Feuer im Osten, Orange- und Zinnobertöne gingen in glühendes Gold über, und aus dem Strahlen ragten schwarz die zerklüfteten Rippen von Hilarios elfenhaftem Kai hervor. Als wir den Schlund des Bayou erreichten, feuerte jemand einen Abschiedssalut ab. Hände und Hüte winkten pittoresk, und weit hinten in unserem Kielwasser ließ ein Alligator seinen schuppigen Körper platschend zu

Wasser und hielt auf das zischelnde Schilfband am gegenüberliegenden Ufer zu.

AUF DER WELTAUSSTELLUNG
IN NEW ORLEANS

Es ist gut möglich, dass die Aufmerksamkeit desjenigen, der das Hauptgebäude besucht, derzeit insbesondere vom Stand der Japaner in Beschlag genommen wird, da dieser bereits, anders als alle anderen orientalischen und die meisten europäischen Stände, unmittelbar vor der Fertigstellung steht. Der Eingang befindet sich zwischen Paravents, über denen verschiedene ausgefallene Drucke zur Zierde hängen – rote Bälle auf weißem Grund im Wechsel mit runden Ornamenten, die die aufgespannten Schirme bemalter Papierschirme andeuten –, darunter, rechts und links der Tür, hängen Landkarten an mit goldenen Tapeten kaschierten Wänden, in die komplizierte Muster geprägt sind. Eine Karte zeigt die westlichen Provinzen Japans, die andere ganz Nippon, die Insel, die in den Augen des Kaisers Zin-Mu Ten-ô die Form einer Libelle hat, weshalb er ihr den Namen des Insekts gab. Das Auftauchen griechischer Mäanderbänder an den ausgefallenen Paravents mag all denjenigen als Anachronismus erscheinen, die mit der archaischen Kunst Japans unvertraut sind, wo das gleiche, einfach wunderschöne Muster seit unvordenklichen Zeiten modern ist – ein überzeugender Beweis für die Tatsache, dass gewisse grundlegende Gesetzmäßigkeiten, die in der Evolution künstlerischer Ideen am Werke sind, in der Entwicklung sehr unterschiedlicher Zivilisationen oftmals zu ganz ähnlichen Ergebnissen geführt haben.

Nicht nur mag der Besucher überrascht sein, die gleichen Mäander an vielen antiken Bronzen und Keramiken in der japanischen Ausstellung zu entdecken (im Speziellen auf einer herrlichen ehernen Kiste mit Intarsien in Silber und Gold), sondern er mag sich sogar geneigt fühlen, an der Herkunft einiger Dreifüße, Patera-Gefäße, Rauchfässer etc. zu zweifeln, deren Formen eine starke Ähnlichkeit mit den anmutigen Entwürfen altgriechischer oder etruskischer Machart oder mit gewissen Relikten aus Pompeji, die im Museum von Neapel aufbewahrt werden, aufweisen.

Die ausgestellten Bronzen und Keramiken – die die antike Kunst Nippons zum großen Teil repräsentieren – blenden und täuschen das unerfahrene Auge. Große Weihrauchkessel, darauf doppelköpfige und dreiklauige Drachen, in monströser Verdrehung ineinander verschlungen, scheinen in feiner Bronze gearbeitet, dabei sind es bloß Fayencen, geschickt metallfarben getönt. Bei zarten Vasen, vom Erscheinen her aus Porzellan, bedeckt mit grotesken Malereien und gekrönt von einem Deckel, auf dem ein Frosch, ein Tiger oder eine fratzengesichtige Kreatur hockt, erweist sich, dass sie aus dem besten und härtesten für Standbilder verwendeten Metall bestehen. Aber diese und zahlreiche weitere industriell gefertigte Stücke sind modern, und es ist wenig künstlerische Schulung vonnöten, um die Überlegenheit der antiken Arbeiten zu erkennen. Speziell eine Figur auf dem Deckel eines Rauchgefäßes verfolgt mich noch immer – eine lebhafte kleine Gottheit auf Zehenspitzen, die eine Gebetsrolle gen Himmel reckt. Der Rauch der Duftstoffe steigt, als sei es der tatsächliche Geruch der Gebete, mittels einer einfachen und hübschen Vorrichtung aus der Schriftrolle selbst hinauf. Der winzige Gott scheint die bronzenen Lippen zu bewegen, die Muskeln seiner Gliedmaßen wirken, als lebten sie und zitterten. Vor Lebendigkeit palpitiert außerdem eine Spezies des japanischen Zerberus, aus dessen geöffneten Fängen der Rauch eines weiteren Weihrauchkessels quillt. Selbst die künstlerische Verwandlung seines Schwanzes in eine fabelartige Schnecke aus Blättern vermag seine illusorische Lebendigkeit nicht gänzlich zu zerstören. Die antiken Porzellanarbeiten haben nichts vom üblichen Freimut in der Gestaltung, genauso wenig wie die lodernden Farben, die viele der besten neuen Stücke auszeichnet. Ihre Tönungen sind nüchtern, und sie tragen keine hinlänglich bekannten Muster. Auf den ersten Blick wirken die Figuren verwirrend, aber wenn man das Rätsel gelöst hat – was für ein fabelhafter Moment! Vergleicht man einige dieser entzückend gemalten Grüppchen, allesamt in farbenfrohe Gewänder gehüllt, wirken selbst die lebhaftesten unter den modernen Vasenfiguren steif und unbeholfen. Die beste darunter ist vielleicht noch die eines zürnenden Schwertkämpfers, dessen lange Klinge einmal halb um die Flanke eines gigantischen Porzellangefäßes in der Nähe des Eingangs herumreicht, um dort auf den Säbel eines Antagonisten zu treffen, der sich ans andere Ende der Vase zurückgezogen zu haben scheint.

Worin japanische Kunst dieser besten Epoche unübertroffen ist – jenes Charakteristikum, durch das sie sich, wie selbst die besten französischen Kunstkenner gestehen, gegenüber aller

Kunst sonst hervortut –, ist *Bewegung*, Rhythmus, die Poesie sichtbarer Bewegung. Großmeister der japanischen Schulen der Antike waren dafür bekannt, ein ganzes Leben der Darstellung eines bestimmten Vogels, einer Sorte Insekt oder eines Reptils zu widmen. Diese Spezialisierung in der Kunst führte zu Ergebnissen, wie Ary Renan kürzlich in einem Essay auf großartige Weise dargelegt hat, die zu erreichen kein europäischer Meister je in der Lage gewesen ist. Ein Schwarm Möwen, die im goldenen Licht eines Sommermorgens einhergleiten; Kraniche, die in einer langen Linie über einen zinnoberroten Himmel ziehen; eine Schwalbe, drachenartig von Gestalt, die vor der Sonnenscheibe herumwirbelt; der schwere, exzentrische, samtene Flug von Fledermäusen im Mondlicht; das märchenhafte Schweben von Motten oder prächtigen Schmetterlingen. All dies sind Sujets, die japanische Pinsel mit einem vortrefflichen Realismus wiedergegeben haben, den nachzuahmen man vielleicht versuchen, aber niemals übertreffen kann.

In der Skizzierung der menschlichen Gestalt hingegen – ausgenommen sind die Statuen von Göttern und Göttinnen (Buddhas, die den Christen beinahe zwingen, das religiöse Staunen seiner Anhänger zu teilen, oder jene bezaubernden Jungfrauen des japanischen Paradieses, «schlank und geschmeidig wie eine schöne Lilie») – waren die Japaner wesentlich weniger erfolgreich. Aber ihre Skulpturen oder Gemälde von Tieren verblüffen durch ihre Anmut. Ihre Schildkröten, Krebse, Störche und Frösche in Bronze sind keine bloßen Kopien der Natur, es sind vorzügliche idealisierte Darstellungen davon. Ich denke kaum, dass die japanische Ausstellung diesen speziellen Bereich der Kunst in jeder Hinsicht ausreichend illustriert, an Beispielen aber mangelt es nicht, speziell was Vögel anbelangt. In Kürze wird man zwei sieben Fuß hohe Störche beim Eingang platzieren, die, wie alle Bronzen dieser Art, ohne die Unterstützung eines Sockels auf ihren Klauen werden stehen können. Bronze ist aber nur eines der zahlreichen Materialien, mit deren Hilfe diese Vogelgestalten imitiert worden sind. Kraniche in allen Größen und unzähligen Farben recken ihre graziösen Hälse zwischen den Vitrinen in jede Richtung, nehmen jede Position an, die dem lebenden Tier nur möglich ist, beschreiben mit ihren Beinen K-Winkel und biegen ihre Hälse zu s-förmigen Linien, stecken die Köpfe unter die Flügel, kämpfen, fliegen, fischen, beobachten, brüten.

Es mag dem schlechten Geschmack des Autors geschuldet sein, aber sogar mehr noch als Kraniche erregten die Käfer und Reptilien aus Baumwolle seine Aufmerksamkeit. Zu sehen gibt es ein japanisches Tablett mit dem Augenschein nach sowohl toten als auch lebenden Wanzen und Käfern – einige von ihnen offenbar im Begriff wegzufliegen, andere mit nach oben gereckten Abdomen, die Beinchen angezogen, die Fühler reglos. Sie wirken derart lebensecht, dass man einen davon sogar einen Moment lang in der Hand wiegen kann, bevor man bemerkt, dass er aus Stoff besteht. Alles, bis hin zu den Gelenken oder dem Abdomen, ist aufs Vorzüglichste nachempfunden. Das metallische Schimmern der Käferpanzer wurde mittels eines Bronzefirnisses nachempfunden. Es finden sich Stoffgrillen mit glänzender Lacklasur und Stoffgrashüpfer in vielen Farben, *Korogi*, deren Gesang dem «Geräusch eine Webers, der rasch webt», ähnelt («Ko-ro-ru, ko-ro-ru»), und *Kirigisi*[5], deren Name eine Nachahmung seines eigenen Geräusches darstellt. Aus denselben Materialien sind zudem drei Frösche wunderbar nachempfunden.

Natürlich gibt es Fächer jeglicher Wertigkeit und Machart zu sehen, Papeterie, Kuriositäten in Elfenbein, Figürchen für den Kaminsims, zierlichen Tand, erlesene Porzellanservice, dekoriert mit japanischen Alltagsszenen oder Stanzen, geschrieben in jenen langen, auswuchernden schwarzen Schriftzeichen, die die japanischen Dichter mit einem Schwarm Vögel vergleichen, die flügelschlagend im Gegenlicht ihrer Wege ziehen und bei mir Erinnerungen an Léon De Rosnys «Si-Ka-Zen-Yo» wachrufen. Womöglich sind einige der kleinen Tassen mit Versen derselben Poeten versehen, die er übersetzt hat – schlicht, berührend, wunderschön, in ihrer Natürlichkeit:

Wert thou a jewel, I would wear thee in my braclet;
Wert thou a garment, never would I find time to undress me.[6]

Man vermisst die Zeichnungen auf Reispapier, die einem aber für den nächsten Tag versprochen werden. Unterdessen heben Photographien des Alltagslebens und der Landschaften Japans das Defizit zumindest teilweise auf. Gezeigt wird etwa eine Art Tableau, zwei gefeierten historischen Persönlichkeiten gewidmet, das einem einen sehr guten Eindruck von der Eleganz der alten Landeskleidung vermittelt, die derzeit aussterben. Mit Interesse besah ich außerdem einige feine Schwerter – allerdings nicht von der berühmten Machart, die an Schönheit und Härtegrad sogar die Klingen aus Toledo oder Damaskus ausstechen und mit Drachenfiguren in Gold intarsiert sind. Überall hängen prächtige Seidenwaren, von denen einige aufs Feinste mit hübschen Bildkompositionen, Figuren und Landschaften bestickt sind, insbesondere mit Ansichten des Fujiyama, des einzigartigen Bergs, dessen Kraterränder die Form der acht Blütenblätter der heiligen Lotusblume haben. Fujiyama, von dem der große Meister Houkusai allein hundert verschiedene Ansichten zeichnete, dessen Schneekuppe in ihrer perlweißen Schönheit einzig mit «den weißen Zähnen eines jungen Mädchens» vergleichbar ist und dessen Gipfel in zahllosen Variationen von Licht wie durch Magie jedes Mal seine Farbschattierung wechselt. Überall taucht er auf, der wundervolle Berg – auf Fächern, hinter goldfarbenem Regen, vor dem Feuerrot eines Sonnenuntergangs, vor makellosem Blau oder von einer unvergleichlichen Morgenröte golden brüniert; in Bronze gegossen, wobei der nachgeahmte Krater eine Weihrauchsäule aufsteigen lässt; auf Porzellan, hoch aufragend über Landschaften mit Weinbergen und mit von Städten gesprenkelten Ebenen oder vielleicht auch umgürtet von einer dicken Wolkenschärpe in seidig schillernden Schattierungen, wie eine der Schönen von Yosiwara[7].

DIE WÄSCHERINNEN

Jeder, der für einige Monate in St. Pierre Station macht, wird gewiss früher oder später eine müßige halbe Stunde an dem entzückenden Treffpunkt einheimischer Müßiggänger verbringen – der pittoresken Savane du Fort – und sich dort, ebenso gewiss, für eine Weile über die moosige Brüstung der Kaimauer lehnen, um den *Blanchisseuses* bei der Arbeit zuzuschauen. Eine seltsame Faszination geht davon aus, diesem Schauspiel archaischer Schufterei. Das tiefe Bett des Roxelane, der sich unterhalb der palmgekrönten Festungsanlage dahinwindet, das grelle Weiß des Leinen, das meilenweit zum Bleichen auf den riesigen Porphyr- und prismenförmigen Basaltbrocken ausgelegt ist, und die an den Gliedern tief gebräunten Frauen, die Gesichter unter enormen Strohhüten verborgen, die bis zu den Knien in der reißenden Strömung stehen – all dies sind Elemente einer Szenerie, die einen an die frühesten Zivilisationen denken lässt. Und selbst hier, in dieser modernen Kolonie, ist sie beinahe drei Jahrhunderte alt, und wahrscheinlich wird man sie am *Rivière des Blanchisseuses* auch noch für weitere dreihundert Jahre genauso vorfinden. Denn die Art zu waschen – wundersam altmodisch, wobei man sich an bestimmte bretonische Legenden erinnert fühlt, besonders wenn man sich das Schauspiel vor Tagesanbruch anschaut – wird sich wohl nicht ändern. Es gibt hier große Vorbehalte gegenüber neuen Methoden, neuen Erfindungen, neuen Ideen, und mehrere Versuche, eine weniger primitive Art des Waschens einzuführen, sind gescheitert. Auch der Versuch, eine Dampfreinigung zu etablieren, erwies sich als Fehlschlag. Die Öffentlichkeit war mit der herkömmlichen Art des Waschens recht zufrieden und sah keinen Nutzen darin, sie aufzugeben, während die Wäscherei- und Bügelkräfte selbst, denen der Eigentümer zwar mehr Geld zahlte, als sie je zuvor verdient hatten, rasch der Arbeit im Haus überdrüssig wurden, ihre Arbeitsplätze verließen und mit einem Gefühl der Erleichterung zu ihrer althergebrachten Manier zu arbeiten zurückkehrten, unter freiem Himmel, den Hügelwinden ausgesetzt, die Füße im Wasser aus den Bergen und die Köpfe in der fürchterlichen Sonne.

Es gehört zu den Sehenswürdigkeiten von St. Pierre, dieses tägliche Schauspiel am Fluss der Wäscherinnen. Jeder schaut gern zu: die Männer, weil es unter den *Blanchisseuses* nicht wenige ausgesprochen hübsche Mädchen gibt, und die Frauen vielleicht deshalb, weil Frauen sich immer für die Arbeit von Frauen interessieren. An schönen Tagen sind daher all die weißen Brücken des Roxelane mit Schaulustigen gespickt, besonders am Morgen, wenn jede *Bonne* auf dem Weg zum oder vom Markt einen Moment stehen bleibt, um zuzuschauen oder die *Blanchisseuses* zu grüßen, die sie kennt. Dann ist ein großes Hallo zu hören, ein Hin und Her von Rufen von der Brücke zum Fluss und vom Fluss zur Brücke: «Quill! Noémi!» … «Coument ou yé, chè?» … «Eh! Pascaline!» … «Bonjou', Youtte! – Dédé – Fifi! – Henrillia!» … «Coument ou kallé, Cyrillia?» …

«Toutt douce, chè! – et Ti Mémé?» – «Y bien;–oti Ninotte?» …
«Bo ti manmaille pou moin, chè – ou tanne?» Aber die Brücke,
die zum Markt auf der Fort führt, ist der schlechteste Ort, um zu
schauen, denn die besseren Kategorien von Wäscherinnen sind
hier nicht anzutreffen. Für gewöhnlich gehen nur die faulen,
schwachen oder nicht professionellen so weit flussabwärts –
Hausangestellte, die im Rahmen ihrer Arbeit zwei- oder dreimal im Monat im Fluss die Wäsche waschen. Die besten Plätze
und Felsen besetzen die erfahrenen Berufswäscherinnen und
Frühaufsteher. Unter den Hunderten, die hier arbeiten, lässt
sich tatsächlich so etwas wie eine körperliche Abstufung vornehmen. Die Frauen an der nächsten Brücke sehen besser und
stärker aus, vermehrt tauchen junge Gesichter auf, und je weiter
man dem Flussverlauf in Richtung Jardin des Plantes folgt,
umso mehr verbessert sich das Erscheinungsbild der *Blanchis-*
seuses, sodass man auf einer Strecke von einer Meile eines der
Naturgesetze des Überlebenskampfes sehr schön veranschau-
licht sehen kann – dass die mit der besten körperlichen Verfassung auch die besten Chancen haben.

Wenn man lange genug hinschaut, kann man ebenfalls beobachten, dass es unter den *Blanchisseuses* wenige gibt, deren
Hautfarbe ausreichend hell ist, um sie als helle Mulattinnen bezeichnen zu können – die Mehrzahl ist schwarz oder von jener
dunklen kupferroten Rasse, die den schwarzen Kreolen in
puncto Kraft und Massigkeit überlegen ist. Denn um *Blanchis-*
seuse zu sein, braucht man nicht nur eine gegenüber der Sonne
unempfindliche Haut, sondern muss auch körperlich von zä-
hester Verfassung sein. Eine Trägerin kann mit neun oder zehn
Jahren bereits längere Runden machen, aber vor dem zwölften

Lebensjahr ist kein Mädchen kräftig genug, um das Wäschereigewerbe zu erlernen. In der ganzen Bevölkerung hat die *Blanchisseuse* eindeutig den härtesten Beruf von allen – selten arbeitet sie weniger als dreizehn Stunden am Tag und einen Großteil davon in der Sonne, bis zu den Knien im Wasser, das ziemlich kalt von den Berggipfeln herabströmt. Bei der Arbeit schwitzt sie stark, und doch kann sie es niemals wagen, sich in tieferem Wasser abzukühlen, ohne ernsthaft die Gefahr einer Rippenfellentzündung einzugehen. Der Beruf bringt allen den Tod, die ihn ab einem gewissen Alter weiterverfolgen – «Nou ka mò toutt dleau» (wir alle sterben durch das Wasser) –, erklärte mir eine, als ich sie danach fragte. Kein schwacher oder hellhäutiger Mensch kann diese Art von Arbeit auch nur einen Tag versuchsweise erledigen, ohne sich in Gefahr zu begeben, und ein schwaches Mädchen, dazu gezwungen, ihre Wäsche selbst zu erledigen, wagt sich selten an den Fluss. Und doch wurde ich eines Tages Zeuge einer solchen Unbedachtheit. Ein hübsches Mischlingsmädchen von vielleicht achtzehn oder neunzehn Jahren – das, wie ich später erfuhr, gerade seine Mutter verloren hatte und nun völlig mittellos dastand – schickte sich an, mit einem kleinen Bündel auf dem Kopf eine der steinernen Treppen, die zum Fluss führen, hinabzugehen, woraufhin zwei oder drei der *Blanchisseuses* in ihrer Arbeit innehielten, um sie zu beobachten. Eine groß gewachsene *Capresse* erkundigte sich schmelmisch:

«Ou vini pou pouend yon bain?» (Kommst du, um zu baden?) Im Fluss kann man nämlich hervorragend baden.

«Non; moin vini lavé.» (Nein, ich komme, um Wäsche zu waschen.)

«Aïe! aïe! aïe! – y vini lavé!» … Und alle in Hörweite lachten. «Bist du verrückt, Mädchen? – *ess ou fou?*» Die große Mulattin schnappte sich das Bündel, öffnete es, warf ihrer nächsten Nachbarin ein Kleidungsstück zu, ein weiteres einer anderen und verteilte so die Arbeit auf ihren kleinen Freundeskreis und sagte zu der Fremden: «Non ké lavé toutt ça ba ou bien vite, chè – va, amisé ou!» (Wir waschen das schnell für dich, Kleine – geh und amüsier dich!) Diese netten Frauen taten sogar noch mehr für das arme Mädchen. Als die Straßenverkäuferin – die Màchanne-mangé – ihnen auf ihrer regulären Runde einen Besuch abstattete, spendierten sie ihr gemeinsam ein gutes Frühstück, mit gebratenem Fisch und Eiern, Maniokmehl und Bananen.

***

Von der Vielzahl derjenigen, die am Fluss Wäsche waschen, sind nicht alle professionelle *Blanchisseuses*. Hunderte Frauen, die zu arm sind, um fürs Waschen zu zahlen, erledigen diese Arbeit am Roxelane selbst. Zudem waschen zahlreiche *Bonnes* im Rahmen ihrer regulären Hausarbeit die Wäsche ihrer Herrinnen. Aber selbst wenn die Professionellen nicht stets einen bestimmten wohlbekannten Bereich des Flusses einnehmen würden, wäre es ein Leichtes, sie anhand der schnellen und methodischen Art ihrer Arbeit von den anderen zu unterscheiden, der Leichtigkeit, mit der sie mit den immensen Mengen von Wäsche hantieren, und vor allem an der Art und Weise, wie sie sie gegen die Felsen peitschen. Darüber hinaus sind die Professionellen in Mehrzahl gleichzeitig Lehrerinnen, Meisterinnen

(*Bou'geoises*) und haben ihre Lehrlinge bei sich, junge Mädchen zwischen zwölf und sechzehn Jahren. Unter diesen *Apprenti*, wie sie im Dialekt genannt werden, gibt es viele attraktive Erscheinungen von der Sorte, wie die Müßiggänger auf den Brücken sie sich gern anschauen.

Sollte sich der Lehrling nach einem Jahr der Einweisung nicht als gute Wäscherin erwiesen haben, ist es wenig wahrscheinlich, dass sie je eine wird. Denn es gibt Bereiche des Handwerks, die zu lehren und zu üben längere Zeit beanspruchen. Das junge Mädchen lernt zunächst die Wäsche im Fluss einzuseifen und auszuwaschen, ein Vorgang, der «walken» (*frotté* im Kreolischen) heißt. Nachdem sie dies ausreichend beherrscht, wird sie in die eigentümliche Kunst des Peitschens der Wäsche (*fessé*) eingewiesen. Die Geräusche des *fessé* sind weithin zu hören, hallen zwischen den Hügel wider und wider: Es ist kein scharf knallernder Laut, wie der Begriff womöglich annehmen lässt, sondern ein schweres, hohles Geräusch, genau wie das einer Axt, die trockenes Holz spaltet. Tatsächlich ähnelt es dem derart, dass man beim ersten Hören geneigt ist, in der Erwartung, dort Holzarbeiter bei der Arbeit zu entdecken, zu den Hügeln hinaufzuschauen. Und erzeugt wird es nicht, indem man die Wäsche mit irgendetwas schlägt, sondern allein indem man diese seitlich gegen die Felsen peitscht. Nachdem ein Stück gut gewalkt und ausgespült ist, wird es zu einem seltsam geformten Bündel gefaltet und am eng gerafften Ende für das *fessé* gepackt. Der Faltprozess wird dann auf anderen Seite wiederholt und das andere Ende ausgeschlagen: Dies muss sehr geschickt gemacht werden, um ein Reißen oder Beschädigen des Materials zu vermeiden. Die geübte Hand beschädigt niemals die Wäsche, und selbst Perlmutt- oder Knochenknöpfe gehen viel seltener zu Bruch, als man annehmen würde. Für das charakteristische Echo ist einzig und allein die Art der Faltung des Wäschestücks für das *fessé* verantwortlich.

Danach werden alle Stücke auf den Felsen in der Sonne zu einem «ersten Bleichen» *(pouème Lablainie)* ausgelegt. Am Abend werden sie in großen hölzernen Wannen oder in Körben gesammelt und ins sogenannte «Laugenhaus» *(Lacaïe lessive)* gebracht, das den Fluss von einem Punkt am Festungsufer gegenüber der Savane überblickt. Hier mietet jede der Wäscherinnen einen kleinen oder großen Bottich oder gar mehrere – je nach Menge der zu verrichtenden Arbeit – für zwei, drei oder zehn Sous und lässt ihre Wäsche über Nacht in Lauge einweichen *(coulé* ist der kreolische Begriff dafür). Wächter passen darauf auf. Vor Tagesanbruch wird sie in warmem Wasser ausgespült und dann zurück zum Fluss gebracht – dort erneut gespült und ist dann bereit, gebügelt zu werden. Richtig zu mangeln und zu bügeln ist der schwierigste Teil des Ganzen. Ist ein Lehrling in der Lage, ein Herrenhemd und ein Paar weißer Pantalons hübsch zu bügeln, gilt ihre Zeit als abgelaufen, und sie wird Gehilfin *(Ouvouïyé)*.

Selbst für ein Land, in dem die Löhne beinahe unglaublich niedrig sind, verdient die *Blanchisseuse* gutes Geld. Festgelegte Preise gibt es nicht: Es ist sogar üblich, vorher mit den Frauen zu verhandeln. Hemden und weiße Pantalons kosten zwischen sechs und acht Cent. Andere Wäsche hingegen ist wesentlich billiger. Häufig sah ich Dreiunddreißiger-Packen – einschließlich so großer Stücke wie Laken, Bettbezüge und verschiedene Douilletten (jene in Martinique typischen, aus einem Stück gefertigen Kleider, die bis zum Boden reichen) –, für die lediglich drei Franc berechnet wurden. Hausangestellte, die zum Waschen geschickt werden, stehlen häufig Wäschestücke oder verlieren sie, was bei den regulären *Blanchisseuses* so gut wie nie vorkommt. Nur wenige von ihnen können lesen oder schreiben oder die Markierungen der Besitzer auf den Kleidungsstücken entziffern, und wenn man am Fluss das Durcheinander überall verstreuter Wäschestücke sieht, den offenkundig gigantischen Wirrwarr, kann man nicht begreifen, wie es diesen Frauen gelingt, sie auseinanderzuhalten und zu sortieren. Und doch gelingt es ihnen erstaunlicherweise – was auch der eigentliche Grund dafür sein könnte, mehr als jeder andere, dass sie gute Preise verlangen können. Die Wäsche von der Hausangestellten waschen zu lassen ist ein schlechtes Geschäft, bei den Professionellen hingegen ist das Eigentum sicher. Und trotz der immer noch niedrigen Preise kann eine gute Berufswäscherin zwischen fünfundzwanzig und dreißig Franc die Woche verdienen, im Schnitt also ganze hundert Franc monatlich – so viel, wie ein weißer Angestellter in den Geschäften von St. Pierre verdienen kann und was (berücksichtigt man die lokalen Unterschiede bei der Kaufkraft des Geldes) in den Vereinigten Staaten ungefähr sechzig Dollar entsprechen würde.

Die Möglichkeit, gutes Geld zu verdienen, bringt die *Blanchisseuse* vermutlich in vielen Fällen dazu, ihr Handwerk so lange weiterzubetreiben, bis es sie umbringt. Die «Wasserkrankheit», wie sie sie nennen *(Maladie-dleau)*, tritt im mittleren Alter auf: Füße, Unterschenkel und Unterleib schwellen gewaltig an, während aus dem Gesicht beinahe jegliches Fett verschwindet. Dann gibt das Gewebe allmählich nach, Muskeln bilden sich zurück, und der gesamte Körper fällt in sich zusammen.

Nichtsdestoweniger lebt die *Blanchisseuse* im Großen und Ganzen abstinent – niemals aber ist sie Trinkerin. Tatsächlich ist sie aus strenger Notwendigkeit abstinent: Während der Arbeit, die Füße im kalten Waser, würde sie es nicht wagen, auch nur einen Schluck Alkohol zu sich zu nehmen – jeder andere in Martinique, selbst die kleinen Kinder, können Rum trinken, nicht aber die *Blanchisseuse*, es sei denn, sie möchte an Kongestion sterben. Ihre stärkste Erfrischung ist *Mabi*, ein mildes, schäumendes und, ich glaube, eher widerwärtiges Bier aus Melasse.

***

Sie stehen stets vor Tagesanbruch auf, um zur Arbeit zu gehen, wenn der Dunst aus den Hügeln die Luft mit den Schwaden modernder Vegetation erfüllt – lehmartigen Düften, Geruch von Gras. Das Licht ist noch gräulich vage und das Wasser des Flusses sehr kalt. Eine nach der anderen treffen sie ein, barfuß, unter den Lasten, die in ihren Wannen turmartig aufgeschichtet sind. Schweigend wie Geister steigen sie die Stufen zum Flussbett hinab und beginnen ihre Wäsche auseinanderzufalten und einzutauchen. Sie grüßen einander bei der Ankunft, verfallen dann aber wieder in Schweigen, Gespräche sind kaum zu hören: Aller Herzen sind schwer von der Schwere der Stunde. Aber dann färbt sich das graue Licht gelb, die Sonne klettert über die Kämme, das Licht verwandelt das dunkle Wasser in lebendiges Kristall, und alle beginnen ein wenig zu plaudern.

Dann erwacht die Stadt zum Leben, die Ströme des täglichen Lebens beginnen wieder zu zirkulieren, dünn und verhalten zunächst, dann behände und kräftig jede gelbe Straße hinauf und hinunter und die Savane entlang und über die Brücken des Flusses. Passanten halten inne und werfen einen Blick hinab und rufen: «*Bonjou' chè!*» Männer ohne Beschäftigung starren irgendeine hübsche Wäscherin an, bis sie mit dem Finger auf sie zeigt und ruft: «*Gadé Missié-à ka guetté nou! – anh! – anh! – anh!*» Und alle anderen schauen auf und wiederholen die Klage – «*anh! – anh! – anh!*» –, bis die Starrer den Rückzug antreten. Die Luft wird wärmer, das Himmelblau entflammt, und das wunderbare Licht erfüllt die Wäscherinnen mit Freude, sie rufen einander von Weitem zu, scherzen, lachen und singen. Eine ungestüme Art zu reden haben dieses Frauen: Die lange Gewohnheit, einander durch das Tosen des reißenden Stroms hindurch anzurufen, hat ihren Stimmen eine bemerkenswerte Klangfülle und Kraft verliehen. Und besonders lohnt es sich, ihnen beim Singen zuzuhören. Eine stimmt ein Lied an, die Nächste fällt mit ein, dann die Übernächste und eine weitere, bis das ganze Flussbett von der Brücke am Jardin des Plantes bis zur Pont-bois von der Melodie widerhallt:

«C'est moin qui té ka lavé,
Passé, raccommodé:
Y té néf hè disouè
Ou metté moin derhò,–
Yche moin assous bouas moin;–
Laplie té ka tombé–
Léfan moin assous tête moin!

Doudoux, ou m'abandonne!

Moin pa ni pèsonne pou soigné moin.»*

Ein melancholisches Lied – ursprünglich ein Stegreifgesang aus dem Karneval, erdacht, um den Übeltäter dem Spott der Allgemeinheit auszusetzen –, das aber die Geschichte vieler dieser Leben erzählt, die Geschichte arbeitsamer, liebevoller Frauen, die zeitweilig mit brutalen und nichtsnutzigen Männer liiert sind, in einem Land, in dem gesetzliche Trauungen eine Seltenheit sind. Die Hälfte der kreolischen Lieder, die ich während meines beinahe zweijährigen Aufenthalts auf der Insel zusammentragen konnte, sprechen dasselbe traurige Thema an. Von diesen ist das schlichte Pathos von «Chè Manman Moin», das unter den älteren *Blanchisseuses* noch immer äußerst beliebt ist, in der mündlichen Literatur, so bin ich überzeugt, unübertroffen. Hier nun ein Versuch, seine drei reimlosen Strophen in Prosa zu übersetzen. Die kindliche Süße des dialektalen Originals geht dabei leider verloren:

Chè Manman Moin

1.

«Liebe Mama, auch du warst einmal klein wie ich. Und lieber Papa, klein warst auch du. Und lieber älterer Bruder

* Ich war es, die gewaschen hat, gebügelt und geflickt – und du, der mich vor die Tür gesetzt um neun Uhr abends, mein Kind in den Armen – der Regen fiel – und meine ärmliche Strohmatte auf dem Kopf! ... Doudoux! Du hast mich verstoßen! ... Niemanden hab ich nun, der für mich sorgt.

mein, auch du warst einmal klein. Ach! Wie köstlich diese Freundschaft war! Und wie sehr mir jetzt mein Herz doch schmerzt – oh ja, so weh, so weh ist's mir ums Herz: Liebe, nur Liebe kann's wieder heile machen.»

2.

«Verdammt, ihr Augen, die er pries und die mich zu ihm führten! Verdammt, ihr Lippen, die seinen Namen ohn' Unterlass wiederholten! Verdammter Augenblick, ach, als ich mein Herz an den Undankbaren verlor, der nicht mehr länger zu lieben versteht.»

3.

«Doudoux, du schwörtest Treue beim Himmel! – Doudoux, du schwörtest beim Glauben! ... Und jetzt kannst du nicht zu mir kommen? Ach! Mein Herz verzehrt sich vor Schmerz! ... Ich kam am Friedhof vorbei und sah meinen Namen auf einem Stein, ganz für sich allein. Zwei weiße Rosen sah ich und dann, wie eine welkte und hinschwand ... genauso wie einst mein vergessen' Herz!»

Die Melodie allerdings ist längst nicht so bezaubernd wie die eines anderen kleinen Lieds, das jeder Kreole kennt und das man noch immer häufig am Fluss hört. Ich halte es für die hübscheste aller kreolischen Weisen. «To-to-to» (die Mundartversion des französischen *toc*) ist eine Onomatopöie des Geräuschs, das entsteht, wenn an eine Tür geklopft wird.

«To, to, to! – ‹Ça qui là?›
‹C'est moin-mênme, lanmou;–
Ouvé lapott ba moin!›»

«To, to, to! – ‹Ça qui là?›
‹C'est moin-mênme, lanmou;–
Qui ka b ou khè moin!›»

«To, to, to! – ‹Ça qui là?›
‹C'est moin-mênme, lanmou;–
Laplie ka mouillé moin!›»

[*To, to, to* … «Wer klopft denn da?» – «Ich bin es, Liebste. Öffne mir die Tür.»
To, to, to … «Wer klopft denn da?» – «Ich bin es, Liebste, der mein Herz gehört.»
To, to, to … «Wer klopft denn da?» – «Ich bin es, Liebste. Öffne mir die Tür – ich werd' ja sonst ganz nass!»]

Wahrscheinlicher aber ist es, die *Blanchisseuses* fröhliche, flotte, sarkastische Liedchen singen zu hören, Karnevalsweisen, bei denen die rhythmische Melodieführung afrikanischer Prägung stärker zum Tragen kommt: «Marie-Clémence maudi» etwa, «Loéma tombé» oder «Quand o uni ti mari jojoll».

Um die Mittagszeit kommt die Màchanne-mangé mit ihren Mädchen, die Schüsseln mit gebratenem Fisch, *Akras*, gekochte Bohnen und Flaschen mit *Mabi* dabeihaben. Die *Blanchisseuses* kaufen etwas und essen im Wasser stehend, wobei sie die Felsen als Tische benutzen. Jede hat ihre kleine Zinntasse dabei, um das *Mabi* daraus zu trinken. Dann geht es wieder mit dem Waschen, Singen und dem Dröhnen des *fessé* los. So schwindet der Nachmittag dahin, die Schule geht zu Ende, und Kinder in vielen wunderhübschen Hautschattierungen strömen zum Fluss und hüpfen die Stufen hinab, «Eti! *Manman!*» – «*Sésé!*» – «*Nenneine!*» schreiend, ältere Schwestern, Mütter und Patentanten rufend. Die kleinen Jungen ziehen sich nackt aus, um eine Weile im Wasser zu spielen. Kurz vor Sonnenuntergang fangen die schnelleren und geschickteren Arbeiterinnen an, ihre Wäsche einzusammeln und sie in Körben aufzuhäufen. Große Flecken nackter Felsen kommen wieder zum Vorschein. Gegen sechs Uhr ist beinahe das ganze Flussbett leer, die Frauen sind fast alle verschwunden. Ein paar vertrödeln noch einen Moment auf der Savane, um die Nachzügler zu beobachten. Die Letzte, die den Graben verlässt, ist stets Gegenstand großen Gelächters: Sie wird gefragt, ob sie auch nicht vergessen habe, «den Fluss abzuschließen».

«Ou femé lapòte lariviè, chè – anh?»

«Ah! Oui, chè! – moin femé y, ou tanne? – moin ni laclé-à!»

(Und ob, meine Lieben. Hab abgeschlossen – habt ihr gehört? – Habe den Schlüssel!)

Aber es gibt auch Tage und Wochen, in denen nicht gesungen wird – in Zeiten des Mangels oder einer Seuche, wenn die Stille des Tals nur vom Geräusch der gegen die Felsen schlagenden Wäschestücke und der kräftigen Stimme des Roxelane unterbrochen wird, die auch dann noch singen wird, wenn die Stadt selbst längst zu existieren aufgehört haben wird, so wie auch schon vor hunderttausend Jahren. «Warum singen sie nicht?», erkundigte ich mich einmal während des Sommers 1887, einem Jahr der Pest. «*Yo ka pensé toutt lanmizè yo,–toutt lapeine yo*», gab man mir zur Antwort. (Sie denken über alle Sorgen, ihr ganzes Elend nach.) Und trotzdem machen sie, solange Jugend und Kraft sie nicht verlassen, in Wind und Sonne, Nebel und Regen, zu jeder Jahreszeit ihre Arbeit, waschen die Wäsche der Lebenden und der Toten – weiße Windeln für die Neugeborenen, weiße Roben für die Bräute und weiße Leichentücher für jene, die in die Große Stille hinübergehen. Und der Strom, der die Grate der ewigen Hügel abwetzt, verschleißt auch ihre Leben – manchmal so langsam, wie schwarzer Basalt abgewetzt wird, manchmal schnell, in einem einzigen Augenblick.

Denn eine eigentümliche Gefahr droht den *Blanchisseuses* die ganze Zeit über – die Tücke des Flusses! Beobachtet man sie bei der Arbeit, sieht man, wie häufig sie ihre Blicke hoch in den Nordosten richten, um nach Pelée zu sehen. Pelée gibt ihnen beizeiten Warnsignale. Selbst wenn in St. Pierre die Sonne scheint und der Hafen daliegt, blau wie Lapislazuli, kann es in der Region der großen Wälder und der höher gelegenen Täler trotzdem gewaltige Regengüsse geben, die dünne Rinnsale zu reißenden Fluten anschwellen lassen, die plötzlich aus den Höhen hinabbersten und Felsbrocken, Bäume und Bruchholz mit sich reißen, ganze Felsen anheben und Hänge vollständig verheeren. Und manchmal dröhnt durch die Klamm des Roxelane ein Donnern herab, begleitet die Woge schäumenden Wassers, die wie eine bewegliche Bergwand anmutet und Brücken und Gebäude auf ihrem Weg unter sich begräbt. 1865 wurde die Savane, so hoch sie auch über dem Flussbett liegen mag, überflutet, und alle Brücken wurden ins Meer gespült.

Weshalb die älteren und erfahreneren *Blanchisseuses* den Pelée stets im Auge behalten. Und sammeln sich schwarze Wolken über ihm, aus denen Blitze zucken, wird – da mag in St. Pierre die Sonne noch so schön scheinen – Alarm gegeben und verschwindet innerhalb weniger Minuten die über Meilen zum Bleichen ausgelegte Wäsche von den Felsen und verlassen alle das Flussbett. Hin und wieder aber ist es auch schon vorgekommen, dass Pelée keine so freundliche Vorwarnung gegeben hat, bevor der Fluss anschwoll und Todesopfer forderte. Die meisten *Blanchisseuses* können schwimmen, und das sehr gut – ich sah, wie eines der Mädchen während einer Mußestunde im Hafenbecken so weit hinausschwamm, bis es fast nicht mehr zu sehen war –, aber wenn der Roxelane anschwillt, hat kein Schwimmer eine Chance: All jene, die dann von ihm erfasst werden, werden von Felsbrocken und Treibgut erschlagen – *yo crazé*, wie der kreolische Begriff dafür lautet, der so viel bedeutet wie zerquetschen, zermalmen, zerschmettern.

Manchmal passiert es, dass eine, die nur kurz daheim war, zum Fluss zurückkehrt und sieht, wie die Kameradinnen gerade die Flucht ergreifen – von denen viele ihre Wäsche einfach zurücklassen. Sie aber wird die ihr anvertraute Wäsche nicht einfach aufgeben, also rennt sie los – trotz der warnenden Schreie und trotz der gütigen rauen Finger, die vergeblich nach ihr greifen. Sie erreicht das Flussbett – das Flutwasser reicht ihr bereits bis zur Taille, aber sie ist stark und greift nach der Wäsche, sammelt sie ein, Teil um Teil, verstreut, wie sie liegen – «Eins! – Zwei! – Fünf! – Sieben!» –, als plötzlich ein Dröhnen an ihr Ohr dringt – «Elf! – Dreizehn!», nun hat sie alle beisammen … doch jetzt fangen die Felsen an, sich zu bewegen! Im ersten Moment versucht sie noch, die Stufen zu erreichen, nur wenige Schritte entfernt … doch schon im nächsten schlägt die Flutwelle donnernd über ihr zusammen … die krachenden Felsbrocken und die umherwirbelnden Bäume.

Vor Sonnenaufgang wird sie womöglich ein Ruderer entdecken, wie sie weit draußen in der Bucht treibt, mit dem Gesicht nach unten in tausend Fuß tiefem Wasser dahinschwebt – während ihre toten Hände noch immer gewissenhaft das Eigentum ihres Arbeitgebers umklammert halten.

MEINE BONNE

Cyrillia die Uhr beizubringen gelingt mir nicht. Ich habe es so lange versucht, bis uns beiden beinahe der Geduldsfaden gerissen wäre. Cyrillia glaubt noch immer, eines schönen Tages werde sie es schon noch lernen, die Uhr zu lesen – ich aber bin mir sicher, dass das niemals der Fall sein wird. «*Missié*», sagt sie, «*lézhè pa aïen pou moin: c'est minitt ka fouté moin yon travail*» – die Stunden sind kein Problem für sie, die Minuten aber machen ihr entsetzlich zu schaffen! Und überhaupt, Cyrillia ist pünktlich wie die Sonne – um exakt fünf Uhr bringt sie mir jeden Morgen meinen Kaffee und ein Stück Stachelannonenfrucht. Ihre Uhr ist die *Cabritt-bois*. Die Riesengrille stellt, so sagt sie, um halb fünf das Zirpen ein. Und beim Ende ihres Vortrags wacht Cyrilla auf.

«*Bonjou, Missié. Coument ou passé lanuitt?*» – «Vielen Dank, meine Tochter, ich habe gut geschlafen.» – «Das Wetter ist herrlich: Wenn Missié zum Strand gehen möchte, seine Badetücher liegen bereit.» – «Sehr gut, Cyrillia! Das werde ich tun.» … Dieser Art sind unsere morgendlichen Gespräche.

Bis ungefähr elf Uhr frühstückt niemand. Nach einem frühen Bad im Meer allerdings kann es sein, dass man sich den Morgen über etwas leer fühlt, es sei denn, man nimmt irgendeine Erfrischung zu sich. Nach meiner Rückkehr vom Strand bereitet Cyrillia mir stets etwas zu – entweder eine kleine Schale mit frischem Kokoswasser oder eine *Cocoyage*, eine *Mabiyage* oder eine *Bavaroise*.

Mir schmeckt der *Cocoyage* am besten. Cyrillia nimmt dazu eine grüne Kokosnuss, schneidet sie an einer Seite auf, sodass ein Loch entsteht, schüttet dann das opalisierende Wasser in eine Schüssel, fügt ein frisches Ei hinzu, etwas holländischen Gin und etwas geriebenen Muskat und viel Zucker. Dann schlägt sie die Mixtur mit ihrem *Baton-lélé* schaumig. Der *Baton-lélé* ist ein unverzichtbares Werkzeug in jedem kreolischen Haushalt: ein dünner Stecken, den man so von einem jungen Baum geschnitten hat, dass am Ende rundum Aststümpfe in rechten Winkeln abstehen wie Sprossen. Indem man den Stecken zwischen den Händen rollt, schlagen die Stummel das Getränk im Nu schaumig.

Der *Mabiyage* ist weniger annehmbar, aber in den ärmeren Schichten ein beliebtes Morgengetränk. Es wird aus etwas weißem Rum und einer Flasche des bitteren heimischen Wurzelbiers, *Mabi* genannt, zusammengemischt. Den Geschmack von *Mabi* kann ich nur so beschreiben: wie Melasse mit Wasser, gewürzt mit etwas Chinarinde.

Der *Bavaroise* besteht aus frischer Milch, Zucker und etwas holländischem Gin oder Rum – und wird so lange mit dem *Baton-lélé* geschlagen, bis sich dicker Schaum bildet. Nach dem *Cocoyage* ist es meiner Ansicht nach das beste Morgengetränk. Bei all diesen Mixturen gilt es, nur sehr wenig Alkohol zu verwenden. An ein ernstlich anregendes Getränk – *Yon ti ponch*, Rum mit Wasser, gesüßt mit viel Zucker oder Zuckersirup –

sollte man sich erst unmittelbar vor dem Mittagmahl heranwagen.

Das Wort *Sucre* wird in Martinique kaum verwendet – obwohl Zucker noch immer das Hauptprodukt ist –, üblicherweise wird es durch *Doux*, «süß», ersetzt. Die Bedeutung von *Doux* geht allerdings weit darüber hinaus: Es kann Sirup gemeint sein oder überhaupt jegliche Art von Süßigkeit – zu *Doudoux* verdoppelt, bezeichnet es die Frucht der Stachelannone genauso wie einen Liebsten. *Ça qui lè doudoux?*, geht der Ruf des Verkäufers. Wenn ein Neger in der Lebensmittelhandlung *(Graisserie)* nach *Sique*[8] statt nach *Doux* fragt, tut er das nur, weil er nicht will, dass man annimmt, er frage nach Sirup. Grundsätzlich gilt: Er würde nur dann das Wort *Sique* verwenden, wenn er sich auf die Qualität von verlangtem Zucker oder auf Zucker in Fässern bezieht. Der Stellenwert, den *Doux* in der landestypischen Ernährung einnimmt, ist schon recht bemerkenswert. Zucker kommt in frische Milch, englisches Porter, Bier und billigen Wein. Verschiedene Gemüse werden mit Zucker gekocht, wie etwa Erbsen. Besonders beliebt ist Wasser mit Zucker und *D'leau-pain* – in Wasser gekochtes Brot, püriert, vermischt mit Zucker und mit Zimt gewürzt. Der Fremde gewöhnt sich ohne böse Folgen an all diese Süße. In nördlichem Klima wäre die Folge wohl mindestens eine Gallenkolik, aber in den Tropen, wo man Salzwasserfisch und Früchte gemeinhin Fleisch vorzieht, scheint der verschwenderische Gebrauch von Zucker und Zuckersirup eindeutig zuträglich zu sein.

Nachdem mir Cyrillia meinen *Cocoyage* zubereitet und die Badetücher in frischem Wasser ausgespült hat, ist sie bereit, zum Markt aufzubrechen, und will wissen, was ich gerne zum

Frühstück essen würde. «Unbedingt etwas Kreolisches, Cyrillia. Ich möchte kennenlernen, was die Menschen in diesem Land essen.» Sie gibt immer ihr Bestes, um mir in dieser Hinsicht eine Freude zu machen, präsentiert mir beinahe täglich unbekannte Speisen, irgendeine merkwürdige Frucht oder einen mir neuen Fisch.

***

Cyrillia hat mir einen guten Überblick über die Bandbreite und Art der *Mangé-Créole* verschafft, sodass ich es nach einem Jahr des Beobachtens nun wagen kann, etwas darüber zu schreiben. Als *Mangé-Créole* bezeichne ich nur das Essen der einheimischen Bevölkerung, der Schwarzen, denn die *Cuisine* der zahlmäßig geringen Klasse reicher Weißer ist hauptsächlich europäisch und am Lokalen nicht interessiert. Ich darf aber hinzufügen, dass die Art ihrer Küche eher provenzalisch als pariserisch ausfällt, sich eher an Südfrankreich als an Nordfrankreich orientiert.

Fleisch, egal, ob frisch oder eingesalzen, spielt in der Küche der ärmeren Schichten keine große Rolle. Das liegt zweifellos auch daran, dass Fleisch teuer ist, hat aber gleichzeitig mit der natürlichen Vorliebe für Früchte und Fisch zu tun. Wird Frischfleisch gekauft, dann in der Regel, um einen Eintopf oder *Daube* zu kochen. Gesalzenes Fleisch ist hierfür womöglich noch beliebter, und hiesige Gemüsesorten und Maniokmehl werden Brot vorgezogen. Weitverbreitete Suppen, die typisch sind für die kreolische Küche, gibt es nur zwei: *Calalou*, eine eingedickte Suppe mit Gumboschoten, die beinahe genauso schmeckt wie die in Louisana, und die *Soupe-d'habitant* oder «Bauernsuppe». Sie besteht aus Jamswurzeln, Karotten, Bananen, Steckrüben, *Choux-caraïbes*[9], Kürbis, gepökeltem Schweinefleisch und Piment, alles zusammen gekocht – wobei freitags das Pökelfleisch aus der Rezeptur herausgelassen wird.

Das wichtigste Grundnahrungsmittel, das eigentliche Fleisch für die Bevölkerung, ist eingesalzener Kabeljau, der auf mannigfaltige Weise zubereitet wird. Die beliebteste und einfachste Art der Zubereitung nennt sich «die Rabiate» *(Féroce)*, und das Ergebnis schmeckt alles andere als schlecht. Der Kabeljau wird einfach frittiert und mit Essig, Öl und Piment serviert, wobei als Beilagen Maniokmehl und Avocados unbedingt dazugehören. Maniokmehl spielt nämlich in so ziemlich jedem kreolischen Rezept eine Rolle, weshalb ein paar Bemerkungen dazu hier sicher nicht fehl am Platz sind.

Jeder, der den Namen schon einmal gehört hat, weiß vielleicht, dass die Maniokwurzel an sich giftig ist und dass die toxischen Elemente durch Auspressen und Trocknung extrahiert werden müssen, bevor das Mehl hergestellt werden kann. Gutes Maniokmehl sieht aus wie sehr grobes Hafermehl und ist wahrscheinlich ebenso nahrhaft. Obwohl es so teuer ist wie Brot, wird es diesem doch vorgezogen und ist das Mehl der Bevölkerung, die das Wort *Farine* nur für das Mehl der Maniok verwendet: Geht es um Weizenmehl, ist stets von «französischem Mehl» *(Farine-Fouance)* die Rede. Und obwohl in den Lokalzeitungen verschiedene Mehlsorten regelmäßig als amerikanisch beworben werden, ist es für die Bevölkerung, für die alles Fremde französisch ist, doch noch immer *Farine-Fouance*. Amerikanisches Bier ist *Biè-Fouance*, amerikanische Erbsen in der

Konservendose *Ti-pois-Fouance,* und jeder weiße Fremde, der Französisch spricht, ist ein *Yon béké-Fouance.*

Für gewöhnlich wird das Maniokmehl ungekocht gegessen*: Man schüttet es auf einen tiefen Teller, fügt etwas Wasser hinzu, verrührt es mit einem Löffel zu einer dicken Paste oder einem Brei – je dicker, desto besser. *Dleau passé farine* (mehr Wasser als Maniokmehl) ist ein geflügeltes Wort, das den Zustand einer sehr armen Person beschreibt. Einmal nicht als Beilage zu Fisch gereicht, wird das Mehl auch hin und wieder mit Wasser und raffinierter Melasse *(Sirop-battrie)* vermengt. Diese Zubereitungsweise, die sehr schmackhaft ist, nennt sich *Cousscaye.* Auch wird es mit Melasse und Milch zu einer Art Pudding verkocht, der *Matêtê* heißt und bei Kindern sehr beliebt ist. Beide Namen, *Cousscaye* und *Matêtê,* haben ihren Ursprung mutmaßlich in der Carib-Sprache: Überhaupt ist die Art und Weise selbst, wie das Mehl aus der Maniok herstellt wird, ganz sicher ein Erbe der Kariben, die zahlreiche Begrifflichkeiten in der kreolischen Mundart Französisch-Westindiens hinterlassen haben.

Von allen Arten, Dorsch zuzubereiten, wozu stets Maniokmehl gegessen wird, sagte mir *Lamori-bouilli* am meisten zu: Hierbei wird der Fisch, nachdem man ihn lange genug gewässert hat, um überschüssiges Salz zu entfernen, einfach gekocht und mit reichlich Olivenöl und Piment serviert. Diejenigen, die selbst kein Haus besitzen oder zumindest keine Möglichkeit ha-

---

* Es ist der Versuch belegt, Brot aus einem Teil Maniokmehl und drei Teilen Weizenmehl herzustellen. Das Ergebnis war vorzüglich; ernst zu nehmende Anstrengungen, Maniokbrot auf den Markt zu bringen, sind allerdings nie unternommen worden.

ben, selbst zu kochen, können sich ihr Essen bei den *Màchannes lapacotte*[10] fertig zubereitet kaufen, deren Spezialiäten offenkundig *Macadam* (gedünsteter Dorsch mit Reis) und die anderen beiden bereits erwähnten Gerichte sind. Aber in jeder schwarzen Familie finden gelegentlich Festessen statt, bei denen es entweder *Lamori-au-laitt*, in Milch gedünsteten Dorsch mit Kartoffeln, *Lamori-au-grattin*, entgräteten Dorsch, zusammen mit Toastkrumen zerstampft und mit Butter, Zwiebeln und Pfeffer zu einem Brei verkocht, *Coubouyon-lamori*, gedünsteten Dorsch mit Butter und Öl, oder *Bachamelle*, entgräteten Dorsch, zusammen mit Kartoffeln, Piment[11], Öl, Knoblauch und Butter gekocht, gibt.

Pimento ist bei all diesen Gerichten, egal, ob gekocht oder roh, eine unverzichtbare Beigabe: Alles wird mit reichlich Piment serviert – *en pile, en pile piment*. Von den unterschiedlichen Sorten möchte ich hier nur das *Piment-café* oder «Kaffeepiment», größer, aber von ungefähr der gleichen Form wie eine liberische Kaffeebohne, an einem Ende violettrot gefärbt, erwähnen, das *Piment-zouèseau* oder Vogelpiment, klein, länglich und scharlachrot, und das *Piment-capresse*, sehr groß, an einem Ende spitz zulaufend, am anderen Ende bauchig. Wenn reif, nimmt es eine tiefrote Farbe an und ist derart stark, dass der scharfe Geruch, wenn man eine Beere in einem Raum öffnet, augenblicklich das ganze Apartment erfüllt. Sollte man, anders als jeder Mexikaner, es nicht gewöhnt sein, Pimento zu essen, wird man wahrscheinlich seine erste Begegnung mit dem *Capresse* bereuen.

***

Mich an einer detaillierten Beschreibung der Fischsorten zu versuchen, die Cyrillia mir Tag für Tag vom Place du Fort mitbringt, hat wenig Sinn: Die Vielfalt ist offenkundig endlos. Etwas Kurioses, das der Erwähnung bedarf, habe ich aber gelernt, nämlich die Grundregel, dass die farbenprächtigeren Fische die am wenigsten genießbaren sind und sich nur bei den Armen einer gewissen Beliebtheit erfreuen. Der *Perroquet*, schwarz, mit Streifen von hellem Rot und Gelb, der *Cirurgien*, blau und schwarz, der *Patate*, gelb und schwarz, der *Moringue*, der aussieht wie polierter Granit, der *Souri*, pink und gelb, der zinnoberrote *Goûs-zie*, der rosige *Sade*, der rote *Bon-Dié-maniémoin* («Der-liebe-Herrgott–hat-mich-berührt») – er hat zwei seltsame Male, wie von großen Fingern hinterlassen – und die verschiedenen Sorten vollkommen blauer Fische, *Balaou*, *Conliou* etc., deren Farben von Stahlgrau bis hin zu Violett reichen, all diese sind auf den Tischen der Reichen selten anzutreffen. Natürlich gibt es Ausnahmen von dieser Regel, zu denen vor allem der *Couronné*, pink und wunderschön schwarz gepunktet – eine Art Rotbarsch, der nie für unter vierzehn Cent das Pfund zu haben ist –, und der *Zorphi* gehören, dessen irisierendes Grün und Purpur kostbar schillern. Der Zorphi soll allerdings, so wird gesagt, mitunter giftig sein, ebenso wie der *Bécunne*, und auch darüber hinaus gibt es zahlreiche Fischarten, die, auch wenn sie nicht von Natur aus giftig sind, immer schon als gefährlich erachtet worden sind. Zu Zeiten Père Dutertres glaubte man, diese Fische fräßen die kleinen Äpfel des Manchinelbaums, die der Regen ins Meer spült. Heute wird allgemein angenommen, dass sie durch den Verzehr der an Verkupferungen von Schiffen hängenden Seepocken gelegentlich giftig werden. Der *Tazard*, der *Lune*, der *Capitaine*, die *Do-rade*, die *Perroquet*, die *Couliou*, die *Congre*, verschiedene Sorten Krebse und selbst der *Tonne* sind gefährlich, sollten sie nicht absolut frisch sein: Schon die geringste Verwesung lässt offenbar ein geheimnisvolles Gift entstehen. Ein singuläres Phänomen, die Vergiftungen betreffend, die mitunter von der Bécunne und der Dorade hervorgerufen werden, ist, dass sich die Haut von Händen und Füßen derjenigen ablöst, die das Glück hatten, die fürchterlichen Koliken, das Brennen und Jucken und das Delirium zu überleben, die zu den ersten Symptomen zählen. Glücklicherweise sind diese Unfälle äußerst selten, seit die Märkte nun strenger Aufsicht unterstehen: Zu Dr. Rufz' Zeiten allerdings waren diese Unfälle offenbar noch an der Tagesordnung – und das in einem solchen Ausmaß, dass er schrieb, er würde keinen Frischfisch verzehren, ohne absolut sicher zu sein, wo er gefangen worden und wie lange er bereits aus dem Wasser heraus sei.

Und auch die Armen kaufen den grellbunten Fisch nur dann, wenn die besseren Qualitäten nicht zu günstigeren Preisen zu haben sind. Aber sehr oft geschieht es, dass die Fangmenge so enorm ist, dass die Hälfte davon wieder ins Meer zurückgeworfen werden muss. In der feuchtheißen Luft verdirbt Fisch rasch, was es unmöglich macht, ihn irgendwo ins Inland zu transportieren. Und so kommen nur die Küstenbewohner in den Genuss von Frischfisch, zumindest Seefisch.

Natürlich ist für das arbeitende Volk die Qualität weniger wichtig als die Quantität und das Angebot, es sei denn, der Fischmarkt ist außergewöhnlich gut bestückt. Unter den Frischfischen ist der beliebteste der *Tonne*, eine große blau-graue

Kreatur, dessen Fleisch so fest wie das des Rindes ist. Danach kommen, nach Beliebtheit geordnet, die Fliegenden Fische *(Volants)*, von denen man häufig bereits vier Stück für einen Cent bekommt, dann die *Lambi* oder Seeschnecke, die ein sehr festes und nahrhaftes Fleisch hat, dann die kleinen, weißlichen Fische, die unter *Sàdines* klassieren, dann, je nach Preis, die blaufarbigen Fische, *Couliou, Balaou* etc. – und zuletzt der Hai, der für gewöhnlich zwei Cent pro Pfund kostet. Sehr große Haie sind ungenießbar, das Fleisch ist zu zäh; junger Hai hingegen schmeckt sehr gut. Cyrillia bereitete mir eines Morgens einmal eine Scheibe davon zu: Sie war köstlich und schmeckte beinahe wie Kalb.

Erstaunlich ist die verkaufte Menge sehr kleiner Fische. Für zehn Sous bekommt die Familie eines Arbeiters bereits ein gutes Fischabendessen: Ein Pfund *Sàdines* kostet nie mehr als zwei Sous. Zum selben Preis gibt es einen Pint Maniokmehl, eine große Avocado kostet einen Sou. Das reicht als Mahlzeit für eine Person allemal, und verdoppelt man die Ausgaben, erhält man proportional größere Mengen – die dann für vier oder fünf Personen ausreichen. Die *Sàdines* werden über Holzkohlenfeuer geröstet und mit einer Sauce aus Zitrone, Piment und Knoblauch gewürzt. Gibt es mal keine *Sàdines*, dann doch ganz sicher jede Menge *Coulious*. Die kleinen *Coulious* sind ungefähr so lang wie der kleine Finger. Sie sind schmackhafter und erzielen daher auch den doppelten Preis. Mit *Coulious* für vier Sous kommt eine Familie in den Genuss eines phantastischen *Blaffe*. Für ein *Blaffe* wird der Fisch in Wasser gekocht und mit Piment, Zitrone, Gewürzen, Zwiebeln und Knoblauch serviert, allerdings ohne Öl oder Butter. Die Erfahrung hat gezeigt, dass *Cou-*

lious sich am besten für *Blaffe* eignet, weshalb *Blaffe* auch selten aus anderem Fisch zubereitet wird.

***

Bei den Armen gibt es vier Gerichte, die als feiertägliche Schwelgereien dienen: *Manicou, Ver-palmiste, Zandouille* und *Poule-épidiri**. Der *Manicou* ist ein tapferes kleines Beuteltier, das man vielleicht als das Oppossum von Martinique bezeichnen könnte: Er kämpft trotz seiner Unterlegenheit gegen Schlangen und ist ein erbitterter Feind der Feldratte. Auf dem Markt kostet ein *Manicou* im günstigsten Fall zweieinhalb Franc. Vor dem Kochen wird er generell eingesalzen.

Den großen Wurm oder die Raupe namens *Ver-palmiste* findet man in den Strunken von Palmkohl – besonders nachdem die Herzen der Triebspitzen herausgeschnitten worden sind und der Baum abzusterben begonnen hat. Es ist die Larve eines neugierigen Käfers, dessen kreolische Bezeichnung auf die

---

* Ich muss zudem ein Gericht erwähnen, das oft verschwiegen wird: *Chatt.* Dass die Katzen nicht zu kaufen sind, versteht sich von selbst. Und es stimmt, dass lediglich ein kleiner Teil der armen Bevölkerung Katzen isst, allerdings so zahlreich, dass Katzen in St. Pierre ziemlich selten geworden sind. Dabei ist der Brauch allein durch Aberglauben motiviert: Isst man sieben Mal Katze, so die Behauptung, oder gleich sieben Katzen, kann keine Hexe, Hexenmeister oder *Quimboiseur* einem je etwas zuleide tun. Damit die Mahlzeit größtmögliche Wirkung erzielt, sollte die Katze am Weihnachtsabend verspeist werden. Die mystische Zahl sieben taucht auch in einem anderen und besseren kreolischen Aberglauben auf: Tötet man eine Schlange, werden einem sieben große Sünden vergeben werden: *Ou ké grands péche's effacé.*

Form seines Mundwerkzeugs anspielt: *Léfant*, «Elefant». Diese Würmer werden auf dem Place du Fort für zwei Sous das Stück angeboten. Sie werden lebendig auf einen Spieß gezogen und geröstet und sollen angeblich wie Mandeln schmecken. Ob das stimmt oder reine Phantasie ist, habe ich nie herauszufinden versucht, und ich bin froh, sagen zu können, dass auch nur wenige weiße Kreolen ihre Vorliebe für diese barbarische Speise gestehen.

Zandouilles sind köstliche Würste mit Schweineschwarte und nur an Sonntagen auf dem Markt zu haben. Sie kosten anderthalb Franc, und es gibt eine Reihe von Frauen, die auf ganz Martinique einen Ruf ob ihrer Fähigkeiten, sie herzustellen, genießen. Ich habe einige probiert, und sie stehen den berühmten Londoner Schweinefleischpasteten in nichts nach. Die bei Lamentin sollen angeblich die besten auf der Insel sein.

Aber das wohl beliebteste Gericht von allen ist *Poule-épi-diri*. Und auch das teuerste, und arme Leute können es sich kaum je leisten. In Louisiana gibt es ein beinahe identisches Gericht namens *Jimbalaya*: Hühnchen mit Reis. Für die Martinikaner ist es eine solche Delikatesse, dass jemandem, der pingelig oder schwer zufriedenzustellen ist, mit der einfachen Frage Gnade erwiesen wird: «*Ça ou lè 'ncò–poule-épi-diri?*» (Was, Grundgütiger, könnte man mehr wollen als Hühnchen mit Reis?) Freche Kinder werden mit der Aussicht auf Poule-épi-diri bestochen und zur absoluten Artigkeit gebracht:

> «*Aïe! Chè, bò doudoux!*
> *Doudoux ba ou poule-épi-diri.*
> *Aïe! Chè, bò doudoux!*»

(Aïe, mein Kleiner! Küsschen, *doudoux! – Doudoux* hat Reis mit Hühnchen für dich! *Aïe,* mein Kleiner! Küsschen, *doudoux!)*

Welchen Anteil an der Beliebtheit des genannten Gerichtes der Reis hat, vermag ich nicht zu sagen. Grundsätzlich aber rangiert er bei den Getreiden in der Gunst an erster Stelle. Die Nachfrage ist mindestens sechsmal so hoch wie bei Mais. *Diri-doux,* gekochter Reis mit Zucker, wird täglich in ungeheuren Mengen verkauft, insbesondere auf den Märkten, wo er in kleinen Haufen, eingerollt in Bananen- oder *Cachibou*-Blätter, für einen Cent pro Stück angeboten wird. *Diri-aulaitt,* ein reiner Reispudding, ist ebenfalls sehr populär. Aber auch nur ein Zehntel der kreolischen Speisen aufzuzählen, in denen Reis eine Rolle spielt, wäre für den Leser bereits ermüdend.

***

Und alle essen *Akras.* Sie kosten einen Cent das Stück. Der *Akra* ist ein kleiner Reibe- oder Pfannkuchen, der aus sicher fünfzig verschiedenen Dingen gemacht werden kann: darunter Dorsch, *Titiri*[12], Bohnen, Gehirn, *Choux-caraïbes,* kleine schwarze Bohnen (*Poix-zié-noue,* «Schwarzaugenbohnen») oder Krebse. Sind sie aus Karotten, Bananen, Hühnchen, Palmkohl etc. gemacht und gesüßt, bezeichnet man sie als *Marinades.* Auf den ersten Blick erscheinen sie für ein solch heißes Klima doch ziemlich fettig, während man sich an die tropischen Konditionen gewöhnt, lernt man jedoch, dass ein gewisser Anteil an öligen oder fettigen Speisen sowohl gesund als auch notwendig ist.

Unter den beliebtesten Gemüsen rangieren Bohnen an erster

Stelle. Vorzugsweise rote Bohnen, aber auch weiße, die, gekocht und mit Essig und reichlich Öl kalt serviert, einen heiß geliebten Salat ergeben. Auf der Beliebtheitsskala folgen *Choux-caraïbes*, *Patates*, *Zignames*, *Camanioc* und *Coussouche*: allesamt riesige Knollengewächse, die eigentlichen Kartoffeln der Tropen. Die Camanioc ist feiner als die Choux-caraïbes und wird beim Kochen weißer und weicher. Vom Aussehen her ähnelt sie sehr der Maniokwurzel, enthält allerdings keinerlei toxische Elemente. Die Coussouche ist die Beste von allen: Da kann die vorzüglichste irische Kartoffel, gekocht strahlend weiß und mehlig, nicht mithalten. Die meisten dieser Knollengewächse können zu einer Art Püree verkocht werden, das *Migan* genannt wird. So gibt es *Migan-choux* aus Choux-caraïbes, *Migan-zignames* aus der Jamswurzel, *Migan-cousscouche* usw. *Migan* gibt es für gewöhnlich zu Krebsen oder Krabben. Eine besondere Vorliebe hegt man für die kleine rosafarbene Krabbe namens *Tourlouroux*, dialektal *Touloulou*. *Migan* wird auch aus der Frucht des Brotfruchtbaums gemacht. Sehr große Bananen oder Kochbananen gibt es zu Dorsch, zu *Daubes*, Fleischeintöpfen und zu Eiern. Die Brotfrucht ist ein guter Ersatz für Gemüse. Man muss sie sehr lange kochen, und sie hat einen trockenen Kartoffelgeschmack. Die sogenannte *Fleu-fouitt-à-pain* oder «Brotfruchtblume» – eine längliche, schotenförmige Frucht, außen dicht an dicht mit winzigen Samenkörnern gespickt, dass man unweigerlich an ein Nadelkissen denken muss, und deren weißes Mark sehr zäh und elastisch ist – wird zudem zu einem köstlichen Konfekt kandiert.

***

Der Verzehr von Bananen ist gewaltig: Es werden mehr Bananen gegessen als Gemüse und jedes Jahr mehr Bananenbäume kultiviert. Der Neger scheint instinktiv den wirtschaftlichen Wert der Banane zu erkennen, auf den vor langer Zeit bereits Humboldt hingewiesen hat, der schätzte, dass ein knapper halber Hektar mit Weizen kaum drei Personen versorgen würde, während dieselbe Fläche, mit Bananen bepflanzt, fünfzig ernähren könne.

Bananen und Kochbananen werden von allen Früchten bei den Menschen am meisten geschätzt. Sie werden auf jede erdenkliche Art zubereitet und zu beinahe jeder Sorte Fleisch oder Fisch serviert. Was wir allerdings in den Vereinigten Staaten Banane nennen, heißt in Martinique nicht Banane, sondern Feige *(Figues)*. Kochbananen heißen *Banane*. Die gängige Nomenklatur hält oftmals Überraschungen bereit: *Choux* kann sowohl eine bestimmte Knolle meinen *(Choux-caraïbes)*, aber auch Palmherzen. Mit *Jacquot* kann ein Fisch gemeint sein, *Cabane* hingegen bezeichnet nie eine Hütte [engl. *cabin*], sondern meint Bett. Mit *Crickett* ist keine Grille [engl. *cricket*] gemeint, sondern ein Frosch. Und so haben mindestens fünfzig Worte ähnlich trügerische Bedeutungen. Geht es tatsächlich einmal um Feigen – getrocknete Feigen –, muss man von *Figues-Fouance* (französischen Feigen) sprechen. Sonst wird einen niemand verstehen. Es existieren hier zahlreiche Arten von Bananen bzw. *Figues*: Die vier beliebtesten sind die *Figues-bananes*, Kochbananen also, so glaube ich jedenfalls, dann die *Figues-makouenga*, die wild wachsen und eine rote Schale haben, die *Figues-pommes* (Apfelbananen), die groß und gelb sind, und die *Ti-figues-dessè* (kleine Dessertbananen), die man überall auf den Tischen in St. Pierre findet. Sie sind kurz, süß und stets wohlgefällig, auch wenn man für gewöhnlich keinen Appetit auf Früchte verspürt.

Bei vielen tropischen Früchten braucht es seine Zeit, um sich an sie zu gewöhnen oder bis man zumindest die Geduld und die Lust aufbringt, sie zu probieren. Bei einem Großteil kommen nämlich, trotz des köstlichen Geschmacks, in enervierendem Maße Kerne ins Spiel: so bei der reifen Guave, den Kirschen oder den Passionsfrüchten. Selbst Stachelannone und *Pomme-cannelle*[13] bestehen aus nichts weiter als großen Mengen sehr harter Samen, vergraben in Fruchtmark von vorzüglichem Geschmack. Die *Sapota* oder *Sapodilla*[14] hat weniger Kerne, und man lernt schnell, sie zu schätzen. Sie hat große, flache Samen, die man mit dem Fingernagel spalten kann. Eine feine, weiße Haut trennt die beiden Hälften. Es erfordert einiges Geschick, die kleine Haut oder das Pellikels zu entfernen, ohne es zu zerstören. Den Test zu bestehen gilt als Zeichen der Liebe. Vielleicht hat die Herzform des Pellikels zu diesem Brauch angeregt. Das hübsche schwarze Mädchen fragt ihren Liebsten: «*Ess ou ain-mein moin? – pouloss tiré ti lapeau-là sans cassè-y.*» Wehe ihm, sollte er es zerreißen! Die wohl unangenehmste Frucht ist meiner Meinung nach der *Pomme-d'Haiti* oder Wasserapfel. Äußerlich sieht er sehr hübsch aus, hat aber einen stark moschusartigen Geruch und Geschmack, der Übelkeit hervorruft. Nur wenige weiße Kreolen essen überhaupt je davon.

Über die Orangen kann ausschließlich Gutes gesagt werden, es gibt aber auch Früchte, die zwar wie Orangen aussehen, aber keine sind und ungleich mehr besonderer Beachtung bedürfen. Da wäre etwa die *Chadèque*[15], die hier einen Umfang von gut drei Fuß erreichen kann und süßes pinkes Fruchtfleisch hat.

Oder etwa die «verbotene Frucht» *(Fouitt-défendu)*, eine Art Kreuzung zwischen der Orange und der Chadèque, die aber besser schmeckt als die beiden. Die Schwarzen behaupten, diese Riesenfrucht entspreche derjenigen, die im Garten Eden auf dem verbotenen Baum gewachsen sei: *C'est ça mênm qui fai moune ka fai yche conm atouèlement!* Die Fouitt-défendu ist auf ihre Weise tatsächlich eine wundervolle Frucht. Diejenige aber, die mich beim ersten Kennenlernen am meisten überrascht hat, war die *Zabricôt*.

«*Ou lè yon zabricôt?*» (Möchten Sie eine Aprikose?), erkundigte sich Cyrillia eines Tages. Ich entgegnete, dass ich Aprikosen liebe und gern mehr als eine hätte. Cyrillia schaute erstaunt, sagte indes nichts, bis sie vom Markt zurückgekehrt war und mit folgender Bemerkung *zwei* Aprikosen auf den Tisch legte: «*Ça ké fai ou malade mangé toutt ça!*» (Sie werden krank werden, sollten Sie beide essen.) Ich brachte nicht einmal eine Hälfte herunter. Man stelle sich eine Pflaume, größer als die größte Steckrübe, vor, mit der Schale der Reinetten, festem karottenfarbenen Fruchtfleisch und einem Kern, größer als ein Entenei und hart wie Stein. Die Früchte schmecken süß und aromatisch, und der Preis changiert je nach Größe zwischen einem und vier Cent das Stück. Der Baum ist in der Karibik heimisch, und für die Ureinwohner Haitis verband sich mit ihm ein merkwürdiger Glaube. Sie waren der Überzeugung, seine Früchte dienten den Toten als Nahrung, weshalb ein Indianer, und war er auch noch so sehr von Hunger geplagt, lieber gar nichts aß, als etwas von einem dieser Bäume zu ernten, um die Geister nicht um ihr leibliches Wohl zu bringen. Spuren dieses Glaubens existieren unter den Schwarzen Martiniques offenkundig nicht.

Für die Armen sind diese Früchte ein seltener Luxus. Außer Bananen essen sie vorwiegend Mangos. Es ist ein eher klebriges Unterfangen, eine herkömmliche Mango zu verspeisen, deren Fruchtfleisch bis zur letzten Faser fest mit dem Kern verwoben ist. Ist man für sich, nagt man ihn am besten ab. Es gibt allerdings auch andere Züchtungen mit zarterem und dickerem Fruchtfleisch, das in Scheiben abgeschnitten werden kann, sodass ein Großteil der Frucht ohne Schmiererei und Lutschen verzehrt werden kann. Unter den veredelten Sorten ist die *Mangue* beinahe ebenso köstlich wie die Orange. Es gibt auf Martinique wahrscheinlich annähernd so viele Varianten der Mango, wie das bei uns bei Pfirsichen der Fall ist. Ich bin allerdings nur mit einigen wenigen vertraut, wie etwa der *Mango-Bassignac*, *Mango-pêche* (oder Pfirsich-Mango), *Mango-vert* (grüne Mango), sehr groß und länglich, der *Mango-grêffé*, der *Mangotine*, rundlich und klein, der *Mango-quinette*, ebenfalls sehr klein und beinahe eiförmig, der *Mango-Zézé*, sehr süß, eher klein und von der Form her flach, der *Mango-d'or* (goldene Mango), die einen halben Franc pro Stück kostet, der *Mango-Lamentin*, einer stark veredelten Sorte, und der phantastischen *Reine-Amélie* (oder König Amelia), einer großen gelben Frucht, die selbst auf Martinique einen Stückpreis von fünf Cent erreicht.

***

«*Ou c'est bonhomme càton?-ou c'est zimage, non?*» (Ob ich ein Pappkamerad sei oder ein Bild – ich äße ja gar nichts!), will Cyrillia wissen. Tatsächlich bin ich etwas überfüttert, aber der

Fremde kann in den Tropen eben nicht einfach essen wie ein Einheimischer, und meine Zurückhaltung überrascht daher. In nördlichen Gefilden geht es beim Essen im Wesentlichen darum, Kalorien aufzunehmen, in den Tropen hingegen, gesetzt den Fall, man geht nicht gewohnheitsmäßig ausgiebiger körperlicher Betätigung nach, was hier ungemein anstrengend ist, kommt ein deutliches Hungergefühl praktisch nicht vor. Cyrillia indes wird es nicht zulassen, dass ich ausschließlich von *Mangé-Créole* lebe, und besteht auf einem Beefsteak oder einem Braten hier und da und versucht, mich zudem mit allerlei wundersamköstlichen Desserts in Versuchung zu führen – insbesondere mit diesen Küchlein aus geriebener Kokosnuss und Zuckersirup *(Tablett-coco-rapé)*, die der Fremde sehr lieb gewinnt. Und dennoch kann ich nicht genügend essen, um Cyrillias Furcht zu zerstreuen.

Nicht genug zu essen ist allerdings nicht ihre einzige Klage, was mich betrifft. Ohne Unterlass tue ich Dinge, die sie schockieren. Womöglich lässt im Leben niemand derart Vorsicht walten wie die Kreolen – der Fremde, der ohne Schirm in die Sonne geht oder sich einem Luftzug aussetzt, ist für sie Gegenstand von Sorge und Mitgefühl. Cyrillias Beschwerden hinsichtlich meiner Nachlässigkeit in Sachen Hygiene enden stets mit dem Refrain: «*Yo pa fai ça içi.*» (So was machen wir nicht in Martinique.) Zu diesen unbesonnenen Handlungen zählen unter anderen, sich Gesicht oder Hände zu waschen, während man noch schwitzt, nach einem Spaziergang beim Hereinkommen den Hut abzunehmen, unmittelbar nach dem Baden nach draußen zu gehen und sich das Gesicht mit Seife zu waschen. «Ach, Cyrillia! Welch Torheit! – Warum sollte ich mir das Gesicht nicht mit Seife waschen?» «Weil man blind davon wird», antwortet Cyrillia dann: «Ça ké tchoué limiè zié ou» (Es wird dir das Licht der Augen töten.) Einen reinlicheren Menschen als Cyrillia gibt es nicht, aber tatsächlich gilt unter den Stadtbewohnern grundsätzlich die Regel, unabhängig vom Wetter täglich ein Bad zu nehmen. Abertausende verwenden dabei aber niemals Seife für das Gesicht, weil sie wie Cyrillia glauben, «sie würde einem das Licht der Augen töten».

Eines Tages hatte ich eine lange Wanderung in der Sonne unternommen und war so durstig zurückgekehrt, dass mir all die alten Geschichten über Reisende wieder einfielen, die in trockenen Wüsten litten, und diesmal eine ganz neue Bedeutung bekamen – Visionen von Samumen, Wüstenwinden, stiegen vor mir auf. Welch Erleichterung, den schweren, roten, dickrandigen *Dobanne* zu erblicken, den Wasserkrug, feucht und kalt von der Ausschwitzung des *Eau-de-Gouyave*, mit dem er bis obenhin gefüllt war – *toutt vivant*, wie Cyrillia es nennt, «voller Leben!» Plötzlich ertönte ein Schrei – und Cyrillia riss mir den Wasserkrug aus der Hand mit der Frage: «*Esso u lè tchoué cò-ou?* – Saint Joseph!» (Ob ich denn meinen Körper umbringen wolle?) Die Kreolen verwenden das Wort «Körper» bei allem, was einem überhaupt zustoßen kann – «sich den Körper wehtun», «den Körper müde machen», «den Körper verheiraten», «den Körper begraben» etc. Ich frage mich, ob die Formulierung auf ein überstarkes Verlangen zurückgeht, sein unerschütterliches Vertrauen in die menschliche Seele unter Beweis zu stellen … Dann bereitete Cyrillia mir einen kleinen Punsch mit Zucker und Rum und lehrte mich, nach einem Spaziergang niemals frisches Wasser zu trinken, es sei denn, ich wolle meinen Körper umbringen. In dieser Angelegenheit war ihr Ratschlag tatsächlich gut. Erhitzt etwas Kaltes zu trinken hat die unmittelbare Folge, dass einem heftig kalter Schweiß ausbricht, was wiederum Zugluft zu einer echten Gefahr werden lässt. Erkältungen fürchtet man hier weniger, und sie kommen auch selten vor, aber Rippenfellentzündungen sind verbreitet und können das Resultat einer unbesonnenen Verkühlung sein.

Ich habe daheim nicht oft die Gelegenheit, selbst unbewusst etwas Unvorsichtiges zu tun, da Cyrillia allgegenwärtig ist und ständig aufpasst, damit mir nicht etwas Fürchterliches zustößt. Als Haushälterin und Köchin ist sie wunderbar. Da gibt es natürlich viel zu tun, und sie hat bloß ein Kind, das ihr hilft, und trotzdem scheint sie immer Zeit zu haben. Ihre Küchenvorrichtung ist äußerst einfach gehalten und besteht aus einem kohlebefeuerten Ofen aus Ziegeln, ein paar tönernen Töpfen *(Canari)* und einigen Bratrosten – und doch kann sie damit sicherlich genauso viele Gerichte zaubern, wie das Jahr Tage hat. Ich habe sie nie länger als eine Stunde mit ihren *Canari* hantieren sehen, und doch herrscht stets perfekte Ordnung. Wenn sie nicht arbeitet, sitzt sie sehr gern an einem der Fenster und vertreibt sich die Zeit damit, das Treiben auf der Straße zu verfolgen. Oder sie spielt mit einem Kätzchen, das sie derart gut abgerichtet hat, dass es alles zu verstehen scheint, was sie sagt.

***

In Cyrillias Zimmer gibt es keine Möbel: Die Bonnes[16] Martiniques leben so einfach und primitiv wie ein Haustier. Eine dünne Matratze, mit einem Laken bedeckt und nur durch einen *Léfant* erhöht, dient ihr als Bett. Der *Léfant* oder «Elefant» besteht aus zwei dicken rechteckigen, harten Matratzen, die mit Hobelspänen gefüllt und jeweils an Fuß- und Kopfende platziert sind. Aber ein gutes Kopfkissen besitzt Cyrillia – *Bourré épi flêches-canne* –, das mit der Wolle des Zuckerrohrs gefüllt ist. Ein billiger Koffer mit kaputten Scharnieren enthält ihre bescheidene Garderobe: ein paar *Mouchoirs*, Tücher, die als Kopfbedeckung dienen, ein Ersatz-*Douillette*, ein längeres Kleid, und etwas ausgefranste Wäsche. Und doch sieht sie stets sauber, gepflegt und frisch aus. In der Ecke sehe ich Sandalen – von der Sorte, wie die Frauen dieses Landes sie manchmal tragen, mit Holzsohlen und einem Lederband am Rist und zwei kleineren Riemen –, die sie aber nie anzieht. An der Wand hängen zwei französische Drucke, Lithographien, von denen das eine Victor Hugos *Esmeralda* im Gefängnis mit ihrer Ziege zeigt, das andere Lamartines *Laurence* mit ihrem Rehkitz. Beide Drucke sind sehr alt, fleckig und von den *Bête-à-ciseau* zerfressen, einer *Lepisma*-Art, die Bücher und Papiere und alles, was sonst offen herumliegt, zerstört. Auf einem Bord stehen zwei Fläschchen, eines mit heiligem Wasser, das andere mit *Tafia camphrée* (in Tafia-Rum gelöster Campher) gefüllt, Cyrillias einzigem Heilmittel bei Erkältung, Fieber oder Kopfschmerzen, eben allen Krankheiten, die nicht gleich einen tödlichen Verlauf nehmen. Es finden sich außerdem ein kleiner Affe aus Wolle, etwa drei Zoll groß – das verstaubte Spielzeug eines vor langer Zeit verstorbenen Kindes –, ein Bild der Jungfrau Maria, sogar noch kleiner, eine angeschlagene Tasse mit frischen strahlenden Blüten, der Blumengabe für Letztere und die unvermeidliche Lampe der

Jungfrau Maria – ein Nachtlicht, ein kleiner Docht, der in einem winzigen Glas Olivenöl schwebt.

Ich weiß, Cyrillia muss die Blumen auf dem Marchè du Fort gekauft haben – es sind Gartenblumen. Es sitzen immer alte Frauen dort, die nichts anderes verkaufen als Sträuße für die Jungfrau Maria und die den Passanten zurufen: «*Gagné ti bouquet pou Viège-ou, chè!* Kauf ein Sträußchen für die Jungfrau, Schätzelein! Sie bittet dich darum. Bring ihr ein kleines mit, *chè cocott.*» Cyrillia sagt, an den Blumen für die Jungfrau Maria solle man nicht riechen. Sonst würde man sie bestehlen. Das kleine Licht wird immer um sechs Uhr entzündet. Um sechs Uhr soll die Jungfrau alle Straßen St. Pierres passieren, und wo immer vor ihrem Bildnis ein Licht brenne, kehre sie ein und segne das Haus. «*Faut limé lampe oupou fai la-Viège passé dans caïe ou*», sagt Cyrillia (Du musst das Licht entzünden, damit die Jungfrau Maria in dein Haus kommt). Cyrillia spricht häufig mit ihrem kleinen Bild, eben so, als wäre es ein Baby – gibt ihm Kosennamen und fragt es, ob ihm die Blumen gefallen.

Das Marienbildchen ist beschädigt, es ist nur die halbe Muttergottes – die obere Hälfte. Aber Cyrillia hat es so postiert, dass, wäre ich nicht derart neugierig gewesen, ich niemals von ihrem Unglück erfahren hätte. Eine kleine kaputte Puderdose ohne Deckel, wahrscheinlich unbedacht von einer reichen Schönen aus dem Fenster ihres Boudoirs geworfen, hat sie mit Stroh gefüllt und darin das verstümmelte Bildnis aufrecht arrangiert, sodass man das Fehlen ihrer Füße niemals vermutet hätte. Maria sieht sehr lustig aus, wie sie da über den Rand ihrer kleinen Dose schaut, wie ein kaputtes Spielzeug, das ein Kind zu reparieren versucht hat. Und trotzdem bekommt diese Jungfrau Maria ihre Opfergaben: Cyrillia kauft Blumen für sie und ordnet sie um sie herum an, steckt sie zwischen Dosenrand und Stroh. Überhaupt wird Cyrillias Muttergottes exakt die gleiche Aufmerksamkeit zuteil wie jedem Bildnis aus Silber oder Elfenbein in den Häusern der Reichen. Wahrscheinlich sind die an sie gerichteten Gebete in ihrer Einfachheit sogar noch schöner und kommen direkter von Herzen als die vielen, die täglich vor den *Chapelles* der luxuriösen Häuser heruntergemurmelt werden. Und je länger man es bedenkt, umso mehr bekommt man das Gefühl, dass es beinahe bösartig wäre, dieses kleine kaputte Glaubensspielzeug zu belächeln.

«Cyrillia, *Mafi*[17]», fragte ich sie eines Tages, nachdem ich die kleine Muttergottes entdeckt hatte. «Soll ich nicht vielleicht eine *Chapelle* für dich kaufen?» Die *Chapelle* ist ein kleiner Wandaltar mit Bildern und Ziergegenständen, der in jedem kreolischen Schlafzimmer anzutreffen ist.

«*Mais non, Missié*», antwortete sie lächelnd, «*moin aimein ti Viège moin, pa lè gagnin dautt*. Ich liebe meine kleine Jungfrau Maria und will gar keine andere. Ich habe viel Schweres erlebt, und sie war in schweren Zeiten bei mir – hat meinen Gebeten gelauscht. Es wäre böse von mir, sie wegzuschmeißen. Habe ich einen Sou übrig, kaufe ich ihr Blumen – habe ich kein Geld, steige ich in die Hügel und pflücke ihr prächtige Knospen. Aber warum sollte Missié mir überhaupt eine *Chapelle* kaufen wollen? Ist Missié etwa Protestant?»

«Ich dachte, du hättest daran Freude, Cyrillia.»

«Nein, Missié. Ich danke Ihnen, aber daran hätte ich keine Freude. Aber Missié könnte mir etwas anderes geben, worüber ich sehr glücklich wäre – schon oft habe ich überlegt, Missié danach zu fragen, aber …»

«Sag mir, was es ist, Cyrillia.»

Sie schwieg einen Augenblick, dann sagte sie:

«Missié macht doch Photographien …»

«Möchtest du eine Photographie von dir selbst, Cyrillia?»

«Oh nein, Missié! Ich bin zu hässlich und zu alt. Aber ich habe eine Tochter. Sie ist wunderschön – *Yon bel bois* – wie ein wunderschöner Baum, wie wir hier sagen. Ich hätte so gern, wenn man von ihr eine Photographie machte.»

Eine photographische Apparatur, im Besitz eines ungeschickten Amateurs befindlich, hatte Cyrillia zu dieser Anfrage bewogen. Ich selbst war nicht in der Lage, eine solche Aufgabe erfolgreich zu erledigen, verwies sie aber an einen sehr geschickten Photographen, und einige Tage darauf wurde das Portrait nach Hause geschickt. Ganz zweifellos war Cyrillias Tochter ein ansehnliches Mädchen – groß gewachsen und beinahe goldfarben, mit gefälligen Gesichtszügen –, und die Photographie war hübsch, wenn auch nicht so hübsch wie das Original. Die Schönheit dieser Menschen basiert zur Hälfte auf der Schönheit des Hauttons – eines Tons, der sich mitunter derart fein gestaltet, dass ich selbst weiße Kreolen habe einräumen hören, dem komme kein weißer Teint gleich. Anmut macht den verbliebenen Teil des Charmes aus – die Anmut der Bewegung. Keines von beiden vermochte die Photographie wiederzugeben. Ich hatte das Portrait für Cyrillia rahmen lassen, damit sie es zu ihren kleinen Bildern hängen konnte.

Als es gebracht wurde, war sie nicht da. Ich trug es in ihr Zimmer und wartete ab, welchen Effekt es wohl haben würde.

Als sie zurückkam, ging sie hinein, und dann sah ich sie für einen derart langen Zeitraum nicht mehr, dass ich mich zu ihrer Kammertür schlich, um sie zu beobachten. Sie stand vor dem Portrait – betrachtete es und sprach mit ihm, so als wäre es lebendig. *«Yche moin, yche moin! ... Oui! Ou toutt bel! – yhe moin bel.»* (Mein Kind, mein Kind! ... Ja, was bist du schön. Mein Kind ist wunderschön.) Plötzlich wandte sie sich zu mir um – vielleicht hatte sie meinen Schatten bemerkt oder auf andere Weise meine Anwesenheit gespürt, ihre Augen waren feucht –, hob an, errötete und begann dann zu lachen.

«Ah! Missié, du beobachtest mich – *ou guetté moin* ... Aber sie ist doch mein Kind! Warum sollte ich sie nicht lieben? Sie sieht so schön aus dort.»

«Sie *ist* schön, Cyrillia. Dass du sie so lieb hast, ist mir auch sehr lieb.»

Sie betrachtete das Bild noch eine Weile schweigend, drehte sich dann zu mir um und fragte voller Ernst:

«Pouki yo pa ka fai pòtrai pàlé-anh? ... pisse yo ka tiré y toutt samm ou: c'est ou-menm! ... Yo douè fai y palé 'tou.» (Warum machen sie nicht, dass ein Portrait sprechen kann? Sie zeichnen es doch genauso, wie derjenige aussieht! Es *ist* derjenige. Sie sollten machen, dass es sprechen kann.)

«Vielleicht werden sie ja eines schönen Tages dazu in der Lage sein, Cyrillia.»

«Ach, das wäre so schön! Dann könnte ich mit ihr sprechen. *C'est yon bel moune moin fai – y bel, joli moune! ... Moin sé causé épi y.»*

Und ich, wie ich so Zeuge ihrer wundervoll kindlichen Gefühls-
regungen wurde, dachte: Verdammt sei die Grausamkeit, die es
bedeutet zu behaupten, eine Seele sei doch wie die andere –
eine Form der Zuneigung sei einfach durch eine andere ersetz-
bar und die Güte eines Herzens nicht etwas ganz und gar Indi-
viduelles, Originäres, Unabhängiges, sondern vielmehr das
generelle Charakteristikum einer Klasse oder eines Menschen-
typs, das man je nach Belieben einfach suchen, finden und aus-
nutzen könne! Und auch sollte sich derjenige selbst verfluchen,
der die göttliche Natur der Liebe abstreitet! Jedes Herz, jedes
Gehirn unter den Milliarden der Menschheit – auch wenn wohl
jedes ganz sicher einmal erfahren muss, was Kummer ist – fühlt
und denkt auf seine ganz besondere Weise, und auch die Her-
zensgüte des einen ist wiederum ganz anders als die des Nächsten, ebenso wie die eigene unendliche Kostbarkeit nur ihm eigen ist, die, wie bescheiden oder klein sie auch sein mag, etwas
ganz Eigenes darstellt, denn Gott erschafft niemals den gleichen
Menschen zweimal. Keine Herzensregung ist daher nicht kostbar, keine Liebenswürdigkeit zu verachten und keine Freundlichkeit selbstverständlich. Und der Tod, indem er ein Leben
auslöscht – selbst das bescheidenste Leben schlichtweg ignoriert –, löscht etwas aus, das bis in alle Ewigkeiten nicht wieder-
kehren wird, ist doch jedes Individuum die Summe einer Kette
von Erfahrungen, die sich unendlich von denen aller anderen
unterscheidet. Manche mögen Cyrillias Tränen der Freude belächeln: Für mich wäre dieses Lächeln nichts weniger als eine
Todsünde, begangen wider den Schöpfer allen Lebens!

TAG EINS IM LAND DER AUFGEHENDEN SONNE

«Versäumen Sie nicht, Ihre ersten Eindrücke so bald als möglich zu Papier zu bringen», riet mir ein liebenswerter Professor aus England, Basil Hall Chamberlain, den zu treffen ich bald nach meiner Ankunft in Japan die Freude hatte, «denn sie sind vergänglich, wissen Sie, und haben sie sich erst einmal verflüchtigt, werden sie sich nie wieder einstellen. Und von all den eigentümlichen Sinneseindrücken in diesem Lande werden Sie keine mehr als so bezaubernd erleben wie diese.» Hier nun will ich also versuchen, sie anhand meiner hastigen Notizen von einst wieder heraufzubeschwören, und stelle gleich fest, dass sie noch wesentlich flüchtiger als bezaubernd waren, dass sich aus meinen Erinnerungen an sie etwas verflüchtigt hat – etwas, das wieder wachzurufen mir unmöglich ist. Trotz des festen Entschlusses, ihn zu befolgen, ignorierte ich außerdem den freundlichen Rat: In jenen ersten Wochen war es mir schier unmöglich, mich dazu zu zwingen, daheim zu bleiben und zu schreiben, gab es doch ach so vieles zu sehen, zu hören und zu empfinden in der sonnenüberfluteten Landschaft der herrlichen japanischen Stadt. Und auch wenn ich alle verlorenen Empfindungen bei diesen ersten Eindrücken wieder zum Leben erwecken könnte, so bezweifele ich doch, dass ich sie überhaupt zum Ausdruck bringen, in Worte fassen könnte. Denn der erste Zauber Japans ist unfasslich und flüchtig wie Parfüm.

Für mich begann alles mit meiner ersten Kuruma[18]-Fahrt vom europäischen Viertel Yokohomas aus hinein in den japanischen Teil der Stadt, und all das, woran ich mich davon erinnere, habe ich im Folgenden zu Papier gebracht.

1

Erst durch die köstliche Überraschung, die eine erste Fahrt durch japanische Straßen bedeutet – noch unfähig, sich dem Kuruma-Läufer anders als durch Gesten verständlich zu machen, hektische Gesten, die bedeuteten, einfach zu fahren, egal, wohin, da ja noch alles unbeschreiblich ergötzlich und neu ist –, begreift man zum ersten Mal tatsächlich, dass man im Orient ist, in jenem Fernen Osten, über den man so viel gelesen, von dem man so lange geträumt hat, der einem aber bis jetzt, wo man ihn mit eigenen Augen sieht, vollständig fremd gewesen war. Es liegt fast etwas Romantisches im ersten wirklichen Begreifen dieser doch recht banalen Tatsache, für mich indes ist diese Einsicht auf unerklärliche Weise mit der göttlichen Schönheit des anbrechenden Tages verknüpft. Eine unbeschreibliche Verlockung liegt in der Morgenluft, etwas Kühles, die Kühle des japanischen Frühlings und der Windwellen vom schneebedeckten Kegel des Fuji. Eine Verlockung, womöglich eher sanftester Luzidität als irgendwelchen tatsächlichen Farben geschuldet – einer außerordentlichen atmosphärischen Transparenz mit nur einem Hauch Blau darin, durch welche die Vielzahl der in der Ferne liegenden Objekte erstaunlich scharf umrissen erscheinen. Die Sonne ist lediglich angenehm warm. Und von der Jinriksha oder Kuruma, dem wohl behaglichsten kleinen Vehikel, das man sich vorstellen kann, bietet sich mir über den tanzenden, weißen, pilzförmigen Hut meines sandalentragenden Läufers hinweg ein Ausblick, an dem ich mich vermutlich nie werde sattsehen können.

In einer Elfenwelt wähne ich mich – alles ist klein, die Menschen ebenso, eigentümlich und rätselhaft: die kleinen Häuser unter ihren blauen Dächern, die kleinen, blau verhangenen Ladenfronten und die kleinen lächelnden Menschen in ihren blauen Trachten. Die Illusion wird lediglich von hin und wieder vorbeilaufenden hochgewachsenen Ausländern zerstört und durch verschiedene Ladenschilder mit Aufschriften, die sich auf absurde Weise am Englischen versuchen. Solcherlei Dissonanzen betonen die Wirklichkeit allerdings nur noch mehr. Es gelingt ihnen zu keinem Zeitpunkt, die Faszination der heiteren schmalen Straßen wesentlich zu schmälern.

Im ersten Augenblick ist man, nimmt man eine der Straßen genauer in Augenschein, durch ein endloses Flattern von Fahnen und Wogen dunkelblauer Vorhänge hindurch, allesamt herrlich und rätselhaft mit japanischen oder chinesischen Schriftzeichen versehen, bloß seltsam angenehm verwirrt. Denn Bauweise und Dekorationen scheinen keinen unmittelbar erkennbaren Gesetzmäßigkeiten zu folgen. Jedes Gebäude besitzt seine ganz eigene phantastische Schönheit, keines gleicht dem nächsten, und alles ist verblüffend neu. Nach und nach aber, nachdem man eine Stunde im Viertel zugebracht hat, beginnt das Auge vage ein allgemeines Schema, was die Bauweise dieser niedrigen, leichten Holzhäuser mit ihren eigentümlichen Giebeln anbelangt, zu erkennen, von denen die meisten nicht gestrichen sind, mit ihren zur Straße hin offenen Erdgeschossen und den schmalen Vordächern oberhalb der Ladenfront, Markisen ähnlich, die schräg zu den Miniaturbalkonen der mit papiernen Schiebewänden verschlossenen ersten Stockwerke emporsteigen. Man beginnt den gängigen Grundriss der winzigen Läden zu verstehen, mit ihren mit Matten bedeckten Böden, die um einiges über dem Straßenniveau liegen, und das gängige senkrechte Arrangement der Schriftzeichen, ob sie nun auf Vorhangstoffen wogen oder auf vergoldeten und lackierten Schildern schimmern. Man erkennt, dass dasselbe satte Dunkelblau, das die übliche Kleiderordnung dominiert, ebenfalls bei den Vorhangstoffen der Läden beherrschend ist, auch wenn es andere Farbtupfer gibt – helles Blau, Weiß und Rot (jedoch keine Grün- oder Gelbtöne). Und dann bemerkt man außerdem, dass auch die Kleidung der Arbeiter mit denselben wundervollen Schriftzeichen versehen ist wie die Draperien der Geschäfte. Keinerlei Arabesken könnten einen solchen Effekt erzielen. In dieser Weise für dekorative Zwecke modifiziert, besitzen diese Ideogramme eine verblüffende Ebenmäßigkeit, die kein Muster ohne tiefere Bedeutung je so haben könnte. Auf der Rückseite eines Arbeiterkittels aufgebracht – in reinem Weiß auf dunklem Blau – und groß genug gedruckt, um auch aus der Entfernung gelesen werden zu können (dabei auf eine Gilde oder Firma hinweisend, bei der der Träger Mitglied oder Angestellter ist), verleihen sie dem ärmlichen Kleidungsstück eine fingierte Anmutung von Pracht.

Und schließlich, während man noch über die Rätselhaftigkeit der Dinge nachsinnt, offenbart sich einem wie bei einer Erleuchtung die Einsicht, dass das Bezaubernd-Malerische dieser Straßen zum größten Teil schlicht der Überfülle an chinesischen und japanischen Schriftzeichen geschuldet ist, in Weiß, Schwarz, Blau oder Gold, die alles schmücken – selbst Türpfosten und papierne Wände. Vielleicht wird man dann einen Moment lang bedenken, welchen Effekt es wohl hätte, würde man diese magischen Schriftzeichen durch lateinische Buchstaben ersetzen, und schon die bloße Idee wird jedwedem ästhetischen Empfinden einen brutalen Schock versetzen, und man wird, so wie es mir auch erging, zum Feind der Romaj-Kwai werden – jener Gesellschaft, die nur aus dem hässlichen utilitaristischen Zwecke begründet wurde, die Verwendung lateinischer Buchstaben im geschriebenen Japanisch einzuführen.

2

Den Eindruck, den ein Schriftzeichen im japanischen Gehirn hinterlässt, ähnelt in keiner Weise jenem, den ein Buchstabe oder eine Kombination von Buchstaben im westlichen Gehirn hervorruft – langweiligen, leblosen Symbolen von Vokalklängen. Für das japanische Gehirn hingegen ist das Schriftzeichen ein anschauliches Bild: Es lebt, es spricht, es gestikuliert. Und der gesamte Raum einer japanischen Straße ist voller solcher lebender Buchstaben – Symbolen, die förmlich etwas rufen, Worten, die lächeln oder Grimassen schneiden wie Gesichter.

Das Wesen dieser Art der Beschriftung, verglichen mit unseren leblosen Spielarten, erschließt sich nur jenen, die in Fernost gelebt haben. Denn selbst die gedruckten Buchstaben mitgebrachter Texte aus Japan oder China vermitteln keine Vorstellung von der potenziellen Schönheit derselben Buchstaben, wenn sie für dekorative Inschriften, skulpturalen Gebrauch oder auch nur die gängigsten Werbezwecke modifiziert werden. Keinerlei rigide Konvention behindert die Phantasie des Kalligraphen oder Gestalters, jeder strebt danach, seine Schriftzeichen noch schöner zu gestalten als alle anderen, und seit Urzeiten hat sich Künstlergeneration um Künstlergeneration mit unverändertem Wetteifer abgemüht, sodass sich durch jahrhundertelange unermüdliche Anstrengungen und Fleiß die primitive Hieroglyphe oder das Ideogramm zu einem Ding unbeschreiblicher Schönheit entwickelt hat. Zwar besteht es lediglich aus einer bestimmten Anzahl von Pinselstrichen, jedem Strich aber wohnt, was Anmut, Proportion und kaum wahrnehmbare Krümmung von Linien betrifft, unmerklich eine geheime Kunstfertigkeit inne, die dafür sorgt, dass es tatsächlich lebendig wirkt und Zeugnis davon ablegt, dass der Künstler selbst noch im blitzartigen Moment des Schöpfens mit dem Pinsel nach der perfekten Form des Strichs getastet hat, auf ganzer Länge, vom Kopf bis hin zum Schweif. Aber mit der Kunst der Strichführung ist es nicht getan, es ist die Fertigkeit, die Striche miteinander zu kombinieren, die den Zauber ausmacht und die selbst oft Japaner verblüfft. Vor dem Hintergrund dieser eigentümlich persönlichen, lebendigen und esoterischen Seite japanischer Schriftkunst verwundert es also nicht, dass wundervolle Legenden zur Kalligraphie existieren, die davon künden, wie von heiligen Experten geschriebene Worte lebendig wurden

und von ihren Tafeln herabstiegen, um mit dem Menschenge-
schlecht in Dialog zu treten.

3

Mein Kurumaya nennt sich «Cha». Er trägt einen weißen Hut,
der wie die Spitze eines riesigen Pilzes aussieht, eine kurze
blaue Jacke mit weiten Ärmeln, blaue Hosen, eng wie Strumpf-
hosen, die ihm bis zu den Knöcheln reichen, und leichte Strohsandalen, mit Schnüren aus Palmfasern an seinen nackten Füßen
festgebunden. Ihn kennzeichnen zweifellos alle Charakteristika
seiner Klasse: Geduld, Hartnäckigkeit und heimtückische Über-
redungskunst. Diese hat er bereits unter Beweis gestellt, hat er
mich doch dazu gebracht, ihm mehr zu zahlen als vom Gesetz
gestattet. Man hat mich also vergebens vor ihm gewarnt. Aber
allein die Tatsache, zum ersten Mal ein menschliches Wesen anstelle eines Pferdes zu haben, das dort in der Deichsel einher-
trottet und vor den eigenen Augen stundenlang unermüdlich
auf und nieder wippt, reicht aus, ein Gefühl der Barmherzigkeit
bei mir hervorzurufen. Und wenn dann dieses menschliche
Wesen, in dieser Manier dort in der Deichsel einhertrottend, mit
all seinen Hoffnungen, Erinnerungen, Gefühlen und Überzeu-
gungen auch noch zufällig das höflichste Lächeln besitzt und
die Kunst beherrscht, noch den kleinsten Gefallen damit zu
quittieren, seine unendliche Dankbarkeit ganz offen zu zeigen,
wird aus dieser Barmherzigkeit Sympathie und lässt unbe-
dachte Impulse der Selbstaufopferung aufkommen. Ich glaube,
auch der Anblick heftigen Schwitzens tut bei dem Gefühl sein

Übriges, sorgt sogar dafür, dass man über den Preis von Herz-schlägen und Muskelkontraktionen nachdenkt, genauso wie über Erkältungen, Blutandrang und Pleuritis. Chas Kleidung ist schweißgetränkt, und er wischt sich das Gesicht mit einem klei-nen himmelblauen Handtuch mit weißen Bambuszweigen und Sperlingen darauf ab, das er sich beim Laufen um das Hand-gelenk wickelt.

Das indes, was mich an Cha fesselt – wenn ich Cha nicht als Antriebskraft betrachte, sondern als Persönlichkeit –, lerne ich in der Vielzahl der uns zugewandten Gesichter erkennen, wäh-rend wir durch diese Miniaturstraßen rollen. Und vielleicht ist der wohl allerschönste Eindruck dieses Morgens jener der ein-maligen Höflichkeit dieser prüfenden Blicke seitens der Bevöl-kerung. Jedermann sieht dich neugierig an, aber niemals liegt etwas Unangenehmes, noch viel weniger Feindliches in dem Blick: In den meisten Fällen wird er sogar von einem Lächeln oder halben Lächeln begleitet. Und das Resultat all dieser freundlich-neugierigen Blicke und lächelnder Gesichter ist, dass der Fremde sich dabei ertappt, sich in einer Märchenwelt zu wähnen. Denn so provozierend abgedroschen die Feststel-lung auch sein mag: Ein jeder, der von seinen ersten Tagen in Japan erzählt, beschreibt das Land als Märchenland und die Menschen als Märchenvolk. Es gibt allerdings einen naturbe-dingten Grund für diese begriffliche Übereinstimmung bei der Beschreibung dessen, was beim ersten Versuch kaum genauer beschrieben werden kann. Sich plötzlich in einer Welt wieder-zufinden, in der der Maßstab für alles kleiner und zarter ausfällt als bei uns – einer Welt kleinerer und dem Anschein nach freundlicherer Menschen, die einen anlächeln, so als wünschten sie einem Gutes; einer Welt, wo die Bewegungen langsam und sanft sind und wo nur geflüstert wird; einer Welt, in der Landschaft, Leben und Himmel anders sind als all das, was man von sonst woher kennt –, muss unweigerlich zu dieser Einsicht führen, ist unsere Phantasie doch genährt von englischer Folklore, vom alten Traum von einem Elfenreich.

4

Der Reisende, der unvermittelt in eine Zeit sozialen Wandels gerät – genauer: des Übergangs von einer feudalen Vergangenheit in eine demokratische Gegenwart –, wird höchstwahrscheinlich den Verfall alles Schönen und die Hässlichkeit des Neuen beklagen. Welches davon ich schließlich in Japan entdecken werde, weiß ich nicht. Heute aber, in diesen exotischen Straßen, mischen sich Altes und Neues derart harmonisch, dass das eine das jeweils andere sogar noch akzentuiert. Die Reihe kleiner weißer Telegrafenmasten etwa, die die Nachrichten der Welt in die Zeitungen transportieren, gedruckt in einer Mischung aus chinesischen und japanischen Schriftzeichen; eine elektrische Klingel in einem Teehaus, neben deren elfenbeinfarbenem Knopf ein Zettel hängt, dessen orientalische Botschaft einem ein Rätsel bleibt; ein Geschäft mit amerikanischen Nähmaschinen neben einer Werkstatt, in der Buddhabildnisse hergestellt werden; das Ladenlokal eines Fotografen neben dem Ladenlokal eines Strohsandalenmachers: All diese stellen keine eklatanten Unvereinbarkeiten dar, fügt sich doch jedes Beispiel okzidentaler Neuerung in den fernöstlichen Rahmen, der offenkundig zu allem passt. Aber für den Fremden ist zumindest an diesem ersten Tag selbst das Alte neu und reicht aus, um seine ganze Aufmerksamkeit in Beschlag zu nehmen. Wodurch der Eindruck entsteht, alles Japanische sei erlesen, exquisit, bewundernswert – selbst das Paar hölzerner Essstäbchen in einem Papiertütchen mit kleinen Zeichnungen darauf; oder ein Briefchen kirschhölzerner Zahnstocher, umwickelt mit einer wunderbaren, in drei verschiedenen Farben beschrifteten Banderole; selbst das kleine himmelblaue Handtuch mit Zeichnungen von fliegenden Schwalben, mit dem sich der Jinricsha das Gesicht abwischt. Gar Banknoten oder die gewöhnlichsten Kupfermünzen sind Gegenstände großer Schönheit. Selbst das Stück geflochtener bunter Kordel, mit dem der Ladeninhaber den letzten Kauf verschnürt, ist eine hübsche Kuriosität. Kuriositäten und anmutige Gegenstände verblüffen einen schon allein ob ihrer Vielzahl: Zu beiden Seiten, egal, wohin der Blick auch fällt, gibt es zahllose wundervolle, wenn auch bislang noch unbegreifliche Dinge.

Aber sie anzuschauen ist riskant. Denn jedes Mal, wenn man zu schauen wagt, zwingt einen etwas auch zum Kauf – es sei denn, wie es häufig vorkommt, dass dich der lächelnde Verkäufer dazu einlädt, derart viele Varianten eines einzigen Artikels zu begutachten, jede für sich einzigartig und allesamt unbeschreiblich reizvoll, dass man schon allein ob des Terrors der eigenen Gefühle die Flucht antritt. Der Ladenbesitzer selbst fordert einen niemals zum Kauf auf, aber seine Waren sind verzaubert, und hat man einmal zu kaufen begonnen, ist man verloren. Niedrige Preise sind da bloß ein weiterer Anreiz, sich dem Bankrott anheimzugeben, und die Quellen unwiderstehlicher und erschwinglicher Artefakte sind unerschöpflich. Selbst das größte Dampfschiff, das den Pazifik durchquert, könnte nicht fassen, was man alles gerne kaufen würde. Was man nämlich tatsächlich will, auch wenn man es sich womöglich nicht eingestehen kann, ist nicht, in einem Laden ein paar Dinge zu erwerben, sondern man will den Laden und den Ladenbesitzer und ganze Straßen mit Läden mit ihren Vorhängen davor und den Menschen darin, die ganze Stadt und die Bucht und die sie umgebenden Berge und den weißen Zauber des Fujiyama, der darüber im makellosen Himmel hängt, ganz Japan in Wahrheit, mit seinen magischen Bäumen, seiner leuchtenden Aura, mit all seinen Städten und Dörfern und Tempeln und vierzig Millionen der liebenswürdigsten Menschen des Universums.

Hier kommt mir etwas in den Sinn, was ich einmal einen pragmatischen Amerikaner habe sagen hören, als er von einer Feuersbrunst in Japan erfuhr: «Ach, die können sich doch Feuer leisten. Bauen sie doch so preiswerte Häuser.» Es trifft zu, dass die fragilen Holzhäuser der einfachen Leute billig und rasch ersetzt werden können. Das, was sich darin befindet und für ihre Schönheit sorgt, allerdings nicht – deshalb ist jede Feuersbrunst eine Tragödie für die Kunst. Denn dies ist das Land der endlosen Unikate, und die Technisierung hat noch nicht dafür gesorgt, dass in der Billigproduktion Uniformität und utilitaristische Hässlichkeit vorherrschen (außer dort, wo der ausländischen Nachfrage nach stillosen Dingen für ordinäre Marktsegmente nachgekommen wird), und jedes vom Künstler oder Kunsthandwerker gefertigte Objekt unterscheidet sich noch immer von allen anderen, selbst denen aus der eigenen Produktion. Jedes Mal, wenn etwas Schönes vom Feuer zerstört wird, verschwindet also damit auch etwas, das eine ganz spezielle Idee symbolisierte.

Glücklicherweise ist der Kunsttrieb selbst in diesem Land der Feuersbrünste von einer Vitalität, die jede Künstlergeneration überdauert und der Flamme trotzt, die ihre Arbeit zu Asche macht oder sie bis zur Unkenntlichkeit zerschmelzen lässt. Die Idee, deren Symbol zerstört worden ist, wird in anderen Kreationen wiederauferstehen – vielleicht, nachdem ein Jahrhundert verstrichen ist –, verwandelt, in der Tat, in seiner Verwandtschaft mit dem Gedanken aus der Vergangenheit jedoch wiedererkennbar. Damit ist jeder Künstler auch ein Geisterarbeiter. Nicht durch Jahre der Suche und Aufopferung findet er schließlich zu seiner höchsten Ausdrucksform, die aufopferungsvolle Vergangenheit liegt stets in ihm, seine Kunst ist ein Erbe, und seine Finger werden von den Toten geführt – beim Skizzieren eines Vogels im Flug, der über Bergen hängenden Dunstschwaden, bei der Wahl morgendlicher und abendlicher Farben, bei der Formgebung von Ästen und berstenden Frühlingsblüten: Generationen geschickter Handwerker stellen ihm ihre Raffinesse zur Verfügung und erwachen im Wunderwerk seiner Zeichnung selbst wieder zum Leben. Was zu Beginn bewusstes Streben war, gleitet in späteren Jahrhunderten ins Unbewusste – und ist dem lebenden Künstler beinahe zum Automatismus geworden – zu einem künstlerischen Instinkt. Weshalb in nur einem einzigen kolorierten Druck eines Hokusai oder Hiroshige, ursprünglich für weniger als einen Cent verkauft, mehr wahres Kunstschaffen steckt als in vielen Gemälden im Westen, für die mehr veranschlagt wird, als eine gesamte japanische Straße kostet.

5

Und hier nun spazieren ebenjene Figuren Hokusais einher, in Regenmänteln aus Stroh, mit riesigen pilzförmigen Strohhüten und Strohsandalen – Bauern mit bloßen Beinen, von Wind und Sonne tief gebräunt, und Mütter mit geduldigen Gesichtern und lächelnden kahlköpfigen Babys auf dem Rücken, die auf ihren *Geta* (hohen, lauten Holzschuhen) vorbeiklappern, neben in Kittel gewandeten Verkäufern, die dahocken und inmitten der zahllosen Mysterien ihrer Läden ihre kleinen Messingpfeifen rauchen.

Dann fällt mir auf, wie klein und wohlgeformt die Füße der Menschen doch sind – ob nun die nackten braunen Füße der Bauern oder die wunderschönen Füße der Kinder, die winzige, winzige Geta tragen, oder die Füße junger Mädchen in schneeweißen Tabi. Die Tabi, jene weißen, fingerförmigen Socken, verleihen dem schmalen, leichten Fuß etwas Mythologisches – die weiße Spalte gibt ihm die Anmut eines Feenfußes. Aber gleich, ob bekleidet oder nackt, der japanische Fuß besitzt eben noch die antike Symmetrie: Er ist noch nicht durch das schändliche Schuhwerk zerstört worden, das die Füße der Westler deformiert hat. Jedes Paar japanischer Holzschuhe macht beim Laufen ein etwas anderes Geräusch als das nächste, einmal tripp und einmal trapp, sodass die Schritte der Fußgänger in einer alternierenden Folge von Tönen widerhallen. Auf einem Pflaster, etwa dem eines Bahnhofs, entwickelt die Geräuschkulisse mitunter eine gewaltige Klangfülle. Und manchmal verfällt eine Menschenmenge bewusst in Gleichschritt, was zu dem denkbar drolligsten Ergebnis führt, einem schleppend-hölzernen Klanginferno.

6

«Ter e yuke!»

Ich war gezwungen gewesen, zu meinem europäischen Hotel zurückzukehren, nicht wegen des Mittagessens – die Zeit, es einzunehmen, ist mir ohnehin viel zu kostbar –, sondern weil ich es Cha nicht begreiflich machen konnte, dass ich einen buddhistischen Tempel besuchen wollte. Jetzt aber versteht er. Mein Wirt hat die mystischen Worte ausgesprochen: «Tera e yuke!»

Einige Minuten geht es im leichten Lauf an breiten Durchfahrtsstraßen entlang, von Gärten und kostspieligen europäischen Gebäuden gesäumt, dann über die Brücke eines Kanals, der mit unlackierten spitzschnabeligen Schiffen außergewöhnlicher Bauweise bestückt ist, bevor wir erneut in enge, kleine, helle, hübsche Straßen eintauchen – und in ein anderes Viertel im japanischen Teil der Stadt. Mit Höchstgeschwindigkeit rennt Cha zwischen weiteren Reihen kleiner Häuser hindurch, die wie die Arche geformt sind, oben schmaler als unten, noch mehr unbekannten Zeilen kleiner geöffneter Läden. Und über jedem von ihnen steigt ein schmaler Streifen blau gedeckten Dachs schräg hinauf zu dem mit papiernen Schiebewänden verschlossenen Zimmer im oberen Stockwerk. An den Fassaden hängen Draperien in Dunkelblau, Weiß oder Purpurrot – fußbreite Stoffbahnen, mit wunderschönen japanischen Schriftzeichen bedeckt, Weiß auf Blau, Rot auf Schwarz, Schwarz auf Weiß. Aber all dies fliegt schnell dahin wie ein Traum. Noch einmal überqueren wir einen Kanal, eilen dann eine schmale Gasse hinauf, die zu einem Hügel hin ansteigt. Unvermittelt hält Cha vor einer gewaltigen Treppe mit breiten Steinstufen, setzt die Deichsel des Vehikels ab, damit ich aussteigen kann, und ruft, indem er in Richtung Treppe zeigt: «Tera!»

Ich steige aus und erklimme sie und stehe, nachdem ich eine weitläufige Terrasse erreicht habe, direkt vor einem wundervollen Tor, gekrönt von einem abgeschrägten, spitz zulaufenden chinesischen Dach. Das Tor ist über und über wunderlich behauen. Oberhalb seiner offenen Türen zeigt ein Fries ineinander verschlungene Drachen, und auch die Türblätter sind in gleicher Weise gestaltet. Von den Traufen ragen Wasserspeierfratzen hervor – groteske Löwenköpfe. Und alles ist grau, steinfarben. Für mich allerdings wirken die Reliefarbeiten längst nicht so statisch wie Skulpturen. Das Gewimmel von Schlangen und Drachen scheint sich wie ein Schwarm hin und her zu bewegen, auf undefinierbare Weise, in Strudeln, wie unter Wasser.

Ich wende mich einen Moment lang um, um bei dem wundervollen Licht einen Blick hinter mich zu werfen. Meer und Himmel, beide vom gleichen wunderschönen, blassen, klaren Blau, verschwimmen ineinander. Unter mir reicht das Wogen bläulicher Dächer bis in die Nähe der unbewegten Bucht zu meiner Rechten und bis zum Fuße der grün bewaldeten Hügel, die die Stadt auf zwei Seiten flankieren. Jenseits des Halbbogens grüner Hügel ragt eine Kette zerklüfteter Berge in Form indigofarbener Silhouetten hoch empor. Und in gewaltiger Höhe oberhalb ihrer Grate thront eine Erscheinung von unbeschreiblicher Herrlichkeit – ein einzelner, schneebedeckter Bergkegel, so duftig verschleiert, so spirituell weiß, dass man ihn, wäre einem seine Kontur nicht so unauslöschlich vertraut, ganz sicher für eine Wolke halten würde. Sein Fuß hingegen, von der gleichen erlesenen Färbung wie der Himmel, bleibt unsichtbar: Oberhalb der ewiglichen Schneegrenze taucht lediglich seine verträumte Kuppe auf, scheint, der Geist eines Gipfels, zwischen dem phosphoreszierenden Land und dem phosphoreszierenden Himmel zu hängen. Dies ist der heilige und unvergleichliche Berg, Fujiyama.

Und während ich vor diesem eigentümlich gestalteten Portal stehe, bemächtigt sich meiner plötzlich ein sonderbares Gefühl – das Gefühl zu träumen und eines aufkommenden Zweifels. Es kommt mir vor, als müssten die Stufen, das von Drachen wimmelnde Tor, der sich über den Dächern der Stadt wölbende blaue Himmel, die geisterhafte Schönheit des Fuji und mein eigener Schatten, der sich über das graue Mauerwerk erstreckt, allesamt augenblicklich verschwinden. Wieso ein solches Gefühl? Zweifellos deshalb, weil die Objekte vor meinen Augen – die geschwungenen Dächer, die sich windenden Drachen, die in Stein gehauenen chinesischen Groteskerien – mir im Grunde nicht als neue Dinge erscheinen, sondern als lediglich erträumt: Der Anblick muss vergessene Erinnerungen an Bilderbücher wieder zum Leben erweckt haben. Ein Moment nur dauert es, dann verliert sich die Illusion wieder, und die Romantik der Wirklichkeit kehrt zurück mit einem aufgefrischten Bewusstsein für all das, was tatsächlich neu und wundervoll ist: die magische Transparenz der Weite, die wundersame Feinheit der Farbgebung des lebendigen Bildes, die enorme

Höhe des Sommerhimmels und die weiße, sanfte Hexerei der japanischen Sonne.

7

Ich schreite voran und erklimme weitere Stufen zu einem zweiten Tor hinauf, mit ähnlichen Fratzen und wimmelnden Drachen, und betrete schließlich einen Hof, in dem anmutige steinerne Votivlaternen wie Grabmale stehen. Links und rechts von mir sind zwei große, groteske steinerne Löwen platziert – die Löwen des Buddha, männlich und weiblich. Dahinter liegt ein lang gestrecktes, flaches, helles Gebäude mit einem geschwungenen, mit blauen Schindeln gedeckten Giebeldach und drei hölzernen Stufen vor dem Eingang. Die Seitenwände bilden schlichte hölzerne Rahmen, die mit dünnem weißen Papier bezogen sind. Dies ist der Tempel.

Auf den Stufen ziehe ich mir die Schuhe aus. Ein junger Mann schiebt die Paravents beiseite, mit dem der Eingang verschlossen war, und heißt mich mit einer Verbeugung würdevoll willkommen. Als ich hineingehe, spüre ich unter den Füßen die Weichheit von Matten, die dick wie Oberbetten sind. Vor mir liegt ein immenser viereckiger Raum, erfüllt von einem ungewohnten süßlichen Geruch – dem Duft japanischen Weihrauchs. Nach der Grelle der Sonne wirkt das papiergefilterte Licht hier nun trüb wie Mondschein. Ein oder zwei Minuten lang sehe ich in der sanften Düsternis nichts als den Glimmer vergoldeter Gegenstände. Dann gewöhnen sich meine Augen an die Dunkelheit, und ich nehme vor den papierenen Wänden, die das Heiligtum von drei Seiten umgeben, die Umrisse riesenhafter Blumen wahr, deren Silhouetten sich vor dem schwachen weißen Licht scharf abzeichnen. Ich gehe näher und erkenne, dass es sich um Papierblumen handelt – sinnbildliche Lotusblüten, wunderschön koloriert, deren sich einrollende Blätter auf der Oberfläche vergoldet und von unten hellgrün lackiert sind. Am dunklen Ende des Raumes steht, dem Eingang zugewandt, der Altar des Buddha, reich geschmückt und hoch aufragend, bedeckt mit Bronzen und vergoldeten Utensilien, die rechts und links eines Schreins angeordnet sind, der wie ein winziger goldener Tempel aussieht. Eine Heiligenstatue aber sehe ich nicht, bloß eine rätselhafte Ansammlung mir unvertrauter Dinge aus poliertem Metall, die sich vor der Dunkelheit hinter Schrein und Altar abhebt – wo sich, was ich aber nicht mit Bestimmtheit zu sagen vermag, bloß ein verborgener Winkel oder aber das Allerheiligste befindet.

Der junge Führer, der mich in den Tempel begleitet hat, kommt nun auf mich zu und ruft, zu meiner großen Überraschung in ausgezeichneten Englisch, wobei er auf einen kostbar verzierten vergoldeten Gegenstand zwischen Gruppen von Kandelabern auf dem Altar weist, aus:

«Dies ist der Schrein des Buddha.»

«Ich würde Buddha gern ein Opfer darbringen», entgegne ich.

«Das ist nicht nötig», sagt er und lächelt höflich.

Aber ich beharre darauf, und er platziert die kleine Opfergabe für mich auf dem Altar. Dann bittet er mich in seinen eigenen Raum, in einem anderen Flügel des Gebäudes gelegen – ein großes, lichtes Zimmer ohne Möbel, aber wunderschön mit Matten ausgelegt. Wir setzen uns auf den Boden und unterhalten uns. Er sei Adept im Tempel, erklärt er mir. Englisch hat er in Tokio gelernt, und er spricht mit einem eigenartigen Akzent, hat aber einen ausgesuchten Wortschatz. Schließlich fragt er mich:

«Sind Sie Christ?»

Worauf ich wahrheitsgemäß antworte: «Nein.»

«Sind Sie Buddhist?»

«Eigentlich nicht.»

«Warum bringen Sie Opfergaben dar, wenn Sie gar nicht an Buddha glauben?»

«Ich ehre die Schönheit seiner Lehre und den Glauben jener, die ihr folgen.»

«Gibt es in England und Amerika Buddhisten?»

«Zumindest interessieren sich sehr viele für die buddhistische Philosophie.»

Hierbei entnimmt er einem Alkoven ein kleines Buch und reicht es mir zur Ansicht. Es handelt sich dabei um eine englische Ausgabe des Buddhistischen Katechismus von Olcott.

«Wieso gibt es im Tempel kein Bildnis des Buddha?», erkundige ich mich. «Im Schrein auf dem Altar gibt es ein kleines», antwortet der Adept, «aber der Schrein ist verschlossen. Und wir besitzen eine Reihe größerer. Aber das Bildnis Buddhas wird hier nicht täglich gezeigt – lediglich an Festtagen. Und einige Bildnisse werden auch nur ein- oder zweimal jährlich ausgestellt.»

Von meinem Platz aus sehe ich zwischen den offenen Papierwänden hindurch Männer und Frauen, die die Stufen erklimmen, um niederzuknien und vor dem Eingang zum Tempel zu beten. Sie gehen mit einer solch naiven Andacht in die Knie, derart anmutig und natürlich, dass das Hinknien der Gläubigen im Westen dagegen wie unbeholfenes Straucheln wirkt. Einige legen nur die Hände zusammen, andere klatschen dreimal laut und langsam, neigen dann die Köpfe und beten einen Moment lang still, bevor sie sich wieder erheben und gehen. So kurz zu beten ist neu und interessant für mich und hinterlässt einen tiefen Eindruck. Hin und wieder ist das Klimpern und Rappeln einer metallenen Münze zu hören, die in die große hölzerne Geldkiste am Eingang geworfen wird.

Ich wende mich dem jungen Adepten zu und frage: «Warum klatschen sie vor dem Gebet dreimal in die Hände?»

Er antwortet: «Dreimal für die Sansai, die kosmische Triade: Himmel, Erde, Mensch.»

«Aber klatschen sie, um die Götter anzurufen, wie die Japaner klatschen, um ihre Bediensteten herbeizurufen?»

«Oh, nein!», antwortete er. «Das In-die-Hände-Klatschen steht lediglich für das Erwachen aus dem Traum der Langen Nacht*.»

«Was für eine Nacht? Was für ein Traum?»

Er zögert eine Weile, bevor er antwortet. «Buddha hat gesagt: Alle Lebewesen in dieser vergänglichen Welt des Unglücks träumen bloß.»

---

* Ich glaube nicht, dass diese Erklärung stimmt, aber als erste Erklärung, die ich, das Thema betreffend, erhielt, ist sie interessant. Genau genommen sollten gläubige Buddhisten überhaupt nicht in die Hände klatschen, sondern diese nur sanft aneinanderreiben. Anhänger der Shinto-Religion hingegen klatschen stets viermal in die Hände.

«Das In-die-Hände-Klatschen symbolisiert also, dass die Seele im Gebet aus solch einem Traum erwacht?»

«Genau.»

«Verstehen Sie, was ich mit dem Wort ‹Seele› meine?»

«Aber ja! Buddhisten glauben, die Seele habe schon immer existiert – und werde ewig existieren.»

«Selbst im Nirwana?»

«Ja.»

Während wir uns so unterhalten, kommt der Hohepriester des Tempels herein – ein hochbetagter Mann, begleitet von zwei jungen Priestern, und ich werde ihnen vorgestellt. Die drei verbeugen sich sehr tief, zeigen dabei die glänzenden Scheitel ihrer glatt rasierten Schädel, bevor sie sich in der Manier der Götter auf dem Boden niederlassen. Mir fällt auf, dass sie nicht lächeln. Es sind die ersten Japaner, die ich sehe, die nicht lächeln: Ihre Gesichter sind ausdruckslos wie die Gesichter von Skulpturen. Aber ihre lang gezogenen Augen mustern mich eingehend, während der Adept ihre Fragen übersetzt und ich ihnen etwas über die Übersetzungen der Sutren in unseren *Sacred Books of the East* und über die Arbeiten von Beal, Burnouf, Feer, Davids, Kern und anderen zu erzählen versuche. Sie lauschen mir, ohne den Gesichtsausdruck zu verändern, und reagieren mit keinem Wort auf die Übertragungen meiner Bemerkungen durch den jungen Adepten. Allerdings wird Tee gebracht und mir in einer winzigen Tasse vorgesetzt, die auf einer kleinen metallenen Untertasse von der Form einer Lotusblüte steht. Und man lädt mich ein, mir von den kleinen Zuckerküchlein (Kwashi) zu nehmen, die ein gestempeltes Zeichen tragen, das ich als Swastika identifiziere, das alte indische Symbol des Rads des Gesetzes.

Als ich mich erhebe, um zu gehen, tun es mir alle gleich. Und an der Treppe erkundigt sich der Adept nach meinem Namen und meiner Adresse. «Weil Sie mich hier nicht mehr antreffen werden», erklärt er, «ich verlasse den Tempel. Aber ich werde Sie besuchen.»

«Und wie heißen Sie?», frage ich.

«Nennen Sie mich Akira», entgegnet er.

An der Schwelle verabschiede ich mich mit einer Verbeugung, und alle verneigen sich sehr, sehr tief – ein blauschwarzer und drei glänzende Köpfe, die wie Elfenbeinkugeln aussehen. Und als ich gehe, lächelt lediglich Akira.

8

«*Tera?*», fragt mich Cha, in der Hand den riesenhaften weißen Hut, als ich am Fuße der Treppe wieder meinen Platz in der Jinricsha einnehme. Was zweifelsohne meint, ob ich noch weitere Tempel ansehen möchte? Das will ich ganz gewiss, denn noch habe ich ja den Buddha nicht gesehen.

«Ja, Cha, *Tera.*»

Und wieder entfaltet sich das lange Panorama geheimnisvoller Lädchen und geneigter Dachtraufen und phantastischer Rätsel, mit denen alles beschriftet ist. Mir fällt lediglich auf, dass die Straßen offenkundig immer schmaler werden, während wir so dahinfahren, und dass einige der Häuser wie große geflochtene Taubenkäfige aussehen und wir eine Reihe von Brücken queren, bevor wir am Fuße eines anderen Hügels erneut zum Stehen kommen. Auch hier gibt es eine steile Treppe und davor ein Bauwerk, von dem ich weiß, dass es sowohl ein Tor als auch ein Symbol darstellt, imposant, allerdings weist es keinerlei Ähnlichkeit mit dem zuvor gesehenen großen buddhistischen Tor auf. Seine Formgebung ist verblüffend simpel: Es gibt keinerlei Reliefarbeiten, keine Farbe, keine Schriftzeichen. Dennoch besitzt es eine eigentümliche Feierlichkeit, eine mysteriöse Schönheit. Es ist ein Torii.

«Miya», bemerkt Cha. Kein Tera dieses Mal, aber ein Schrein der Götter des noch älteren Glaubens des Landes – ein Miya.

Es ist ein shintoistisches Symbol, vor dem ich stehe. Zum ersten Mal sehe ich ein Torii in der Wirklichkeit und nicht nur ein Bild davon. Wie nun jenen ein Torii beschreiben, die niemals eines gesehen haben, nicht einmal ein Foto oder einen Stich davon? Auf zwei hoch aufragenden Säulen, Torpfosten ähnlich, ruhen horizontal zwei Querbalken, wobei die Enden des tieferen und leichteren der beiden ein kleines Stück unterhalb ihrer Spitzen in die Säulen eingefügt sind und der obere und größere Balken einfach oben aufliegt und rechts und links weit über sie hinausragt. Das ist ein Torii, wobei die Konstruktionsweise variieren kann, abhängig davon, ob in Stein, Holz oder Metall gebaut wird. Diese Beschreibung aber vermittelt keine zutreffende Vorstellung von der tatsächlichen Erscheinung eines Torii, seiner majestätischen Anmutung, seiner mystischen Zweideutigkeit als Torbogen. Sieht man zum ersten Mal ein nobles Exemplar, wird einem womöglich der Gedanke kommen, vor einem rage das kolossale Modell irgendeines hübschen chinesischen Schriftzeichens in den Himmel, besitzen die Formen des Objekts doch die Anmut eines zum Leben erwachten Ideogramms – die kühnen Winkel und Kurven von Buchstaben, von einem Meister mit vier Strichen seines Pinsels erschaffen*.

Den Torii passierend, erklimme ich eine weitere Treppe mit vielleicht einhundert Steinstufen und stoße an deren oberem Ende auf einen weiteren Torii, von dessen unterem Querbalken das mystische Shimenawa wie eine Girlande herabhängt. In diesem Fall handelt es sich um ein Hanfseil, das annähernd auf ganzer Länge zwei Zoll Durchmesser hat, sich zu den Enden hin aber wie eine Schlange verjüngt. Manchmal ist das Shimenawa aus Bronze gefertigt, besteht der Torii ebenfalls daraus, der Tradition folgend, sollte es indes aus Stroh bestehen, was für gewöhnlich auch zutrifft. Repräsentiert es doch das aus Stroh geschlagene Tau der Gottheit Futo-tama-no-mikoto, die es hinter dem Rücken der Sonnengöttin Ama-terau-oho-mi-Kami spannte, nachdem Ame-no-ta-jikara-wo-no-Kami, die Gottheit mit der starken Hand des Himmels, sie ins Freie gezogen hatte, wie es in dem uralten Shinto-Mythos erzählt wird, den Professor Chamberlain übersetzt hat**. Bei den gebräuch-

---

* Verschiedene Autoren haben geschrieben, darin der Meinung des Japanologen Satow folgend, dass der Torii ursprünglich eine Sitzstange für Hähne gewesen sei, die man unweit von Shinto-Schreinen den Göttern darbringen wollte – allerdings «nicht als Nahrung, sondern um den Tagesanbruch anzukündigen». Einige Autoritäten meinen daher, die ursprüngliche Bedeutung des Wortes sei «Vogel-Rast» gewesen, Aston aber, nicht weniger eine Autorität, kommt in seiner Herleitung zum Schluss, es habe schon immer schlicht «Pforte» bedeutet. Vgl. dazu Chamberlains *ABC der japanischen Kultur*, S. 635–637.
** Basil Hall Chamberlain, der die außergewöhnliche Stellung als Professor für Japanische Sprachen an der Kaiserlichen Tokio-Universität bekleidete – welche Ehre für die englische Philologie!

licheren und einfacheren Shimenawa hängen auf ganzer Länge in regelmäßigen Abständen Strohbüschel herab, waren diese doch ursprünglich, wie es die Tradition verlangte, aus Gras gefertigt worden, dessen Wurzeln nach dem Drehen herausgehangen hatten.

Ich durchschreite den Torii und finde mich am höchsten Punkt des Hügels in einer Art Grünanlage oder Vergnügungspark wieder. Zu meiner Rechten steht ein kleiner Tempel, der aber zugesperrt ist. Allerdings habe ich so viel über die enttäuschende Leere von Shinto-Tempeln gelesen, dass ich das Fehlen eines Wächters nicht bedauere. Zudem sehe ich vor mir etwas unendlich viel Interessanteres – einen Hain mit Kirschbäumen, die von etwas unbeschreiblich Schönem bedeckt sind, einem überwältigenden Schleier schneeweißer Blüten, die wie sommerliche Schäfchenwolken an jedem Ast und Zweig hängen. Und auch der Boden darunter, ebenso wie der Pfad vor mir, ist weiß von dem weichen, dicken, wohlriechenden Schnee herabgefallener Blüten.

Jenseits dieser Pracht rahmen Töpfe mit Blumen winzige Schreine, finden sich fabelhaft gestaltete Grotten voller Ungeheuer – Drachen und mythologische Wesen sind in den Fels gehauen – und angelegte Miniaturlandschaften mit winzigen Hainen voller Zwergbäume und liliputanischer Seen, mikroskopischer Bäche, Brücken und Kaskaden. Auch gibt es Schaukeln für Kinder. Und Belvedere, die am Rande des Hügels thronen, von wo aus sich alles, die ganze große Stadt, die glatte Bucht, gespickt mit Fischersegeln, kaum größer als Stecknadelköpfe, und die weit entfernten, verschwommenen, hoch aufragenden Vorgebirge, die bis ins Meer hineinreichen – bläulich hineinschraffiert in ein geisterhaft dunstiges Idyll, für das Worte fehlen –, mit einem einzigen köstlichen Blick erfassen lässt.

Warum nur sind die Bäume in Japan so entzückend? Bei uns ist ein blühender Pflaumen- oder Kirschbaum keine erstaunliche Sehenswürdigkeit. Hier indes ist es ein Wunder von derart verblüffender Schönheit, dass, egal, wie viel man womöglich im Vorhinein darüber gelesen haben mag, einen das tatsächliche Schauspiel schlicht sprachlos macht. Einzelne Blätter sind nicht zu sehen – nur ein einziger, großer, duftiger Nebel aus Blüten. Liegt es daran, dass die Bäume, die von den Menschen im Land der Götter so lange domestiziert und umhegt worden sind, bis sie selbst Seelen bekommen haben, nun ihre Dankbarkeit zeigen wollen, geliebten Frauen gleich, die sich dem Mann zuliebe hübsch machen? Jedenfalls haben sie mit ihrer Lieblichkeit die Herzen der Menschen erobert, hübschen Dienern gleich. Die Herzen der Japaner zumindest. Denn offenkundig haben ein paar ausländische Touristen der ungeschlachten Sorte diesen Ort besucht, hat man es doch für nötig erachtet, Schilder in englischer Sprache mit folgendem Hinweis anzubringen: *Es ist verboten, den Bäumen Schaden zuzufügen.*

9

«Tera?»

«Ja, Cha, Tera.»

Nur kurz geht es diesmal durch die Straßen. Die Häuser rücken voneinander ab, stehen zunehmend verstreut am Fuße der Hügel: Die Stadt verliert sich in kleinen Tälern und verschwindet schließlich ganz. Wir folgen einer kurvenreichen Straße mit Blick aufs Meer. Rechter Hand fallen grüne Hügel steil zur Straße hin ab, auf der linken erstreckt sich weit unten ein riesiger Streifen graubraunen Sandes und salziger Tümpel hin zu einer derart fernen Brandungsschnur, dass sie lediglich als sich bewegendes weißes Fädchen erkennbar ist. Es herrscht Ebbe, und Tausende Muschelsammler sind über die Sandflächen verteilt, derart weit entfernt, dass ihre nach vorn gebeugten Gestalten, den flimmernden Meeresgrund tüpfelnd, kaum größer als Mücken wirken. Einige von ihnen kommen uns auf der Straße entgegen, kehren mit gut gefüllten Körben von der Suche heim – Mädchen mit Gesichtern, die beinahe so rosig sind wie die englischer Mädchen.

Während die Jinriksha dahinklappert, werden die Hügel entlang der Straße höher. Und ganz unvermittelt hält Cha vor der steilsten und höchsten Treppe, die ich bisher gesehen habe.

Ich klettere und klettere und klettere, muss unweigerlich hin und wieder innehalten, um den heftigen Schmerz in meinen Quadrizepsmuskeln zu lindern. Vollständig außer Atem komme ich oben an, wo ich mich zwischen zwei steinernen Löwen wiederfinde, von denen der eine seine Fänge zeigt, der andere das Maul geschlossen hat. Vor mir steht der Tempel am hinteren Ende eines kleinen, kahlen Plateaus, auf drei Seiten von niedrigen Steilhängen gesäumt; ein kleiner Tempel, der sehr alt und grau aussieht. Links des Gebäudes kollert aus einer felsigen Anhöhe ein kleiner Katarakt in einen Teich, eingefasst von einer Palisade. Das Geräusch des Wassers erstickt alle anderen Geräusche. Vom Ozean her bläst ein scharfer Wind: Trotz der Sonne ist der Ort kalt und öde und verlassen, als habe hier seit hundert Jahren niemand mehr ein Gebet gesprochen.

Cha klopft und ruft, während ich auf den ausgetretenen Holzstufen des Tempels meine Schuhe ausziehe, und nachdem wir eine Minute lang gewartet haben, hören wir gedämpfte Schritte nahen und ein hohles Husten hinter der papierenen Schiebetür. Sie wird zur Seite geschoben, und ein alter Priester in weißer Robe erscheint und bedeutet mir mittels einer tiefen Verbeugung einzutreten. Er hat ein freundliches Gesicht, und das Lächeln, mit dem er mich willkommen heißt, erscheint mir das vortrefflichste zu sein, mit dem man mich je begrüßt hat. Dann hustet er erneut, so arg, dass ich denke, sollte ich je wieder hierherkommen, würde ich mich womöglich vergeblich nach ihm erkundigen.

Ich trete ein, spüre unter den Füßen jene weichen, makellosen, gepolsterten Matten, mit denen in allen japanischen Gebäuden die Böden bedeckt sind. Ich passiere die unentbehrliche Glocke und das lackierte Lesepult, sehe dann aber nichts als weitere papierene Schiebetüren vor mir, die vom Boden bis zur Decke reichen. Der Alte, noch immer hustend, schiebt auf der rechten Seite eine davon beiseite und winkt mich in den Dämmer des Allerheiligsten, in dem es schwach nach Weihrauch riecht. Eine kolossale Lampe aus Bronze ist das erste Objekt, das ich erkenne, um dessen säulenartigen Fuß sich fauchend goldene Löwen winden. Als ich sie passiere, bringe ich mit der Schulter eine Reihe Glöckchen zum Klingen, die an einem Band von ihrem lotusförmigen Schirm hängen. Dann erreiche ich den Altar, tastend, noch immer nicht in der Lage, Umrisse klar zu erkennen. Indem er Schiebetür um Schiebetür beiseiteschiebt, sorgt der Priester allerdings dafür, dass Licht auf das vergoldete Messing und die Inschriften fällt, und ich halte zwischen den in Gruppen auf dem Altar stehenden gewundenen Kandelabern Ausschau nach dem Bildnis einer Gottheit oder verehrten Seele. Und sehe – nichts als einen Spiegel, eine runde, fahle Scheibe polierten Metalls, darin mein Gesicht und hinter dieser Farce meiner selbst ein Phantombild der fernen See.

Nichts als einen Spiegel! Der was symbolisiert? Eine Illusion? Oder dass das Universum für uns lediglich als Reflexion unserer eigenen Seelen existiert? Oder die alte chinesische Lehre, dass wir den Buddha nur in unseren eigenen Herzen suchen sollten? Womöglich wird es mir eines Tages gelingen, all diese Dinge herauszufinden.

Als ich auf den Stufen des Tempels sitze und mir die Schuhe anziehe, um zu gehen, kommt der freundliche alte Priester erneut auf mich zu und reicht mir, begleitet von einer Verbeugung, eine Schale. Hastig lasse ich einige Münzen hineinfallen, in der Annahme, es handele sich dabei um eine buddhistische Almosenschale, bevor ich merke, dass sie mit heißem Wasser gefüllt ist. Die wunderbare Höflichkeit des Mannes bewahrt mich davor, die schiere Ungeheuerlichkeit meines Fehlers wirklich zu erfassen. Ohne ein Wort und weiterhin freundlich lächelnd, bringt er die Schale fort und kommt sogleich mit einer neuen leeren zurück, füllt sie aus einem kleinen Kessel mit heißem Wasser und bedeutet mir zu trinken.

Für gewöhnlich bietet man dem Tempelbesucher Tee an. Aber dieser kleine Schrein ist sehr, sehr arm, und ich habe den Verdacht, dass es dem alten Priester gelegentlich an Dingen mangelt, an denen es eigentlich niemandem mangeln sollte.

Während ich die zugigen Stufen zur Straße hinabsteige, merke ich, dass er mir noch immer nachsieht, und höre noch einmal sein hohles Husten.

Dann kommt mir die Farce des Spiegels wieder in den Sinn. Und ich beginne mich zu fragen, ob es mir wohl jemals gelingen wird zu finden, wonach ich suche – außerhalb meiner selbst! Das heißt außerhalb meiner eigenen Vorstellungswelt.

10

«Tera?», fragt mich Cha noch einmal.

«Tera, nein – es ist schon spät. Hotel, Cha.»

Cha aber biegt auf unserem Rückweg an einer Ecke in eine schmale Gasse ab und bringt die Jinriksha vor einem Schrein oder winzigen Tempel zum Stehen, kaum größer als das kleinste japanische Geschäft, für mich dennoch wesentlich überraschender als jedes der größeren Heiligtümer, die wir nun bereits besucht haben. Stehen doch zu beiden Seiten des Eingangs die Statuen zweier Ungeheuer, nackt, blutrot, dämonisch, beängstigend muskulös, mit Füßen, die Löwentatzen ähneln, Händen, die drohend vergoldete Blitze schwingen, und Augen voll deliriöser Raserei: die Wächterstatuen Ni-o, auch die «zwei Könige»[*]

---

[*] Diese Ni-o, die ersten, die ich in Japan sah, waren allerdings sehr plumpe Figuren. An den großen Eingangstoren der großen Tempel in Tokio, Kyoto und anderswo gibt es eine Reihe phantastischer Ni-o zu bewundern. Die eindrucksvollsten von allen sind jene am Ni-o-Mon bzw. «Tor der zwei Könige», des riesigen Todaiji-Tempels in Nara. Sie sind achthundert Jahre alt. Es ist unmöglich, die Verbindung stürmischer Würde

genannt. Und genau zwischen diesen karmesinroten Scheusalen steht ein junges Mädchen und sieht uns an, dessen schmale Gestalt, in silbergrauem Gewand mit iris-violettem Gürtel, sich wundervoll von dem zwielichtigen Dämmer des Inneren abhebt. Ihr ausdrucksloses und eigentümlich zartes Gesicht würde einen bestricken, egal, wo man seiner gewahr würde. Hier aber, durch den seltsamen Kontrast mit den Furcht einflößenden, sie flankierenden Groteskerien, erzeugt es einen unvorstellbaren Effekt. Vor Augen, dass ein so bezauberndes Mädchen sie der Bewunderung für wert erachtet, ertappe ich mich bei der Frage, ob es sich bei meiner Abneigung gegenüber den Zwillingsmonstrositäten nicht im Grunde um körperliche Faszination handelt. Und schon verflüchtigt sich das Gefühl der Abstoßung, als ich ihr so zusehe, wie sie da zwischen ihnen steht, anmutig und schlank wie ein prächtiger Falter, dabei die ganze Zeit über den Fremden unbefangen mustert, sich dessen vollkommen unbewusst, dass die Statuen in seinen Augen vielleicht gottlos und unansehnlich gewirkt haben.

Was verkörpern sie? Kunsthistorisch gesehen, sind es buddhistische Transformationen Brahmas und Indras. Umwoben von der absorbierenden, alles verwandelnden, magischen Atmosphäre des Buddhismus, kann Indra indes seine Blitze nun

und orkanhafter Kraft, die diese kolossalen Figuren verkörpern, nicht zu bewundern. Es werden Gebete an die Ni-o gerichtet, insbesondere von Pilgern. Die meisten Statuen verunstalten kleine weiße Papierkügelchen, die die Leute weich kauen, um sie damit zu bespucken. Es existiert der eigentümliche Aberglaube, dass, falls das Kügelchen haften bleibt, das Gebet erhört wird. Sollte es hingegen herunterfallen, wird ihm kein Gehör geschenkt werden.

bloß in Verteidigung des Glaubens schwingen, der ihn vom Thron gestoßen hat: Er ist zu einem Wächter der Tempeltore geworden, ja zum Diener Bosatus (Bodhisattwas) gar, ist dies doch ein Schrein, in dem lediglich Kwannon, der Göttin der Barmherzigkeit, gehuldigt wird, nicht einmal Buddha selbst.

«Hotel, Cha, Hotel!», rufe ich erneut, denn der Weg ist weit, und die Sonne geht unter – mit dem denkbar sanftesten Schein topasen Lichts. Shaka habe ich nicht gesehen (derart haben die Japaner den Namen Sakya-Muni verändert), und auch in das Antlitz des Buddha habe ich nicht geblickt. Vielleicht wird es mir morgen glücken, sein Bildnis zu finden, irgendwo in der Wildnis der hölzernen Straßen oder auf dem Wipfel eines noch nicht besuchten Hügels.

Die Sonne ist verschwunden, das topase Licht ist verschwunden, und Cha hält kurz, um die Papierlaterne zu entzünden, bevor wir weitereilen, zwischen zwei langen Reihen bemalter Papierlaternen hindurch, die vor den Läden hängen. So nah beinander, so in exakt gleicher Höhe hängen sie, dass die Reihen wie endlose Perlenketten aus Feuer wirken. Und plötzlich dringt über die Dächer der Stadt hinweg ein Dröhnen an mein Ohr – feierlich, tiefgehend, gewaltig –: die Stimme der Tsurigane, der großen Tempelglocke von Nogeyama.

Allzu kurz erschien mir der Tag. Und doch hat das wundervoll helle Licht meine Augen derart lang geblendet, das Hexenwerk jenes endlosen Labyrinths rätselhafter Schilder sie derart verwirrt, in dem jedes Straßenpanorama mir vorkam wie der Blick in ein überdimensioniertes *Grimoire*, dass sie nun selbst des sanften Glimmens der Papierlaternen überdrüssig sind, auch sie mit Schriftzeichen bedeckt, die ihrerseits anmuten wie

Formeln aus einem Zauberbuch. Und schließlich merke ich, wie mich jene Schläfrigkeit überkommt, die stets dem Entzücken folgt.

11

«Amma-kamishimo-go-hyakmon!»

Eine Frauenstimme durchdringt die Nacht, intoniert Worte mit einem Klang von außerordentlicher Süße, die wie Flötentöne Silbe für Silbe durch mein geöffnetes Fenster dringen. Mein japanischer Bediensteter, der etwas Englisch spricht, hat mir erklärt, was die Wort bedeuten:

«Amma-kamishimo-go-hyakmon!»

Und zwischen diesen lang gezogenen, süßen Rufen höre ich eine klagende Pfeife, eine lange Note zuerst, dann zwei kurze von anderer Tonhöhe. Dies ist die Pfeife der Amma, der armen, blinden Frau, die ihren Lebensunterhalt damit verdient, die Kranken und Erschöpften einzuseifen, und deren Pfeife die Fußgänger und Fahrer vor Fahrzeugen warnt, da sie nicht sehen kann. Und außerdem singt sie, auf dass die Erschöpften und Kranken sie hineinrufen mögen.

«Amma-kamishimo-go-hyakmon!»

Die traurigste Melodie, aber die süßeste Stimme. Ihr Ruf besagt, dass sie für die Summe von «fünfhundert Mon» kommen und einem den erschöpften Leib «von oben bis unten» schrubben und so dafür sorgen wird, dass Erschöpfung und Schmerz verschwinden. Fünfhundert Mon sind das Äquivalent von fünf Sen (japanische Cents), während zehn Rin ein Sen und zehn

179

Mon ein Rin sind. Die merkwürdige Süße hat etwas Sehnsuchts-volles – lässt gar den Wunsch entstehen, tatsächlich Schmerzen zu haben, um fünfhundert Mon zu zahlen und sich davon be-freien lassen zu können.

Ich lege mich schlafen und träume. Ich sehe chinesische Schriftzeichen – Scharen davon, eigentümlich, rätselhaft – an mir vorüberziehen, alle in die gleiche Richtung, weiße und dunkle Ideogramme auf Schildern, papierenen Türen, den Rü-cken von Männern mit Sandalen. Sie scheinen zu leben, diese Schriftzeichen, ein Bewusstsein zu haben. Sie bewegen ihre Be-standteile, bewegen sich insektenähnlich, furchterregend, wie Gespensterschrecken. Ich rolle die ganze Zeit über in einer Phantom-Jinriksha, deren Räder aber keine Geräusche machen, durch kleine, enge, helle Straßen. Und sehe dabei, immer und immer wieder, wie Chas riesiger, weißer, pilzförmiger Hut vor mir beim Laufen auf- und niederhüpft.

VON HŌKI NACH OKI

Ich beschloss, nach Oki zu fahren.

Nicht einmal ein Missionar hatte je die Oki-Inseln besucht, kein europäisches Auge je seine Ufer erblickt, außer bei jenen seltenen Anlässen, wenn im Ostmeer kreuzende Kriegsschiffe sie passiert hatten. Dies allein wäre bereits Grund genug gewesen, dorthin zu reisen, aber einen noch triftigeren lieferte mir die Ignoranz der Japaner selbst Oki gegenüber. Bis auf die weit entfernten Riukiu- oder Liukiu-Inseln, bewohnt von einer etwas anderen Rasse samt einer anderen Sprache, sind die Oki-Inseln der wohl am wenigsten bekannte Teil des japanischen Kaiserreichs. Da sie zum selben Verwaltungsbezirk wie Izumo gehören, ist zwar jeder neue Gouverneur nach der Amtseinführung angehalten, Oki einen Besuch abzustatten, und auch der Polizeichef der Provinz begibt sich mitunter zu einer Inspektionsreise dorthin. Und in Matsue und anderen Städten gibt es Handelsunternehmen, die einmal im Jahr einen Vertreter nach Oki schicken. Der Handel mit Oki ist gar recht lebhaft und wird beinahe vollständig mithilfe kleiner Segelschiffe abgewickelt. Aber derlei offizielle und kommerzielle Beziehungen haben bislang nicht dazu beigetragen, dass Oki heute besser bekannt wäre als zu Zeiten des Mittelalters. Unter den einfachen Leuten der

Westküste sind außergewöhnliche Geschichten über die Oki-Inseln noch im Umlauf, ähnlich jenen über die sagenumwobene Insel der Frauen, die in der phantastischen Literatur verschiedener fernöstlicher Rassen eine so beherrschende Rolle spielt. Diesen alten Legenden zufolge waren die Moralvorstellungen der Menschen von Oki einst extrem wilder Natur: Selbst der strengste Asket konnte dort seine Indifferenz gegenüber irdischen Gelüsten nicht aufrechterhalten, sodass der Fremde auf Besuch, wie wohlhabend er auch bei Ankunft gewesen sein mochte, dank der Verführungskraft der Frauen bald nackt und verarmt in seine Heimat zurückkehren musste. Ich hatte auf Reisen in sonderbare Länder ausreichend Erfahrungen gesammelt, um sicher zu sein, dass all diese herrlichen Geschichten nichts weiter besagten, als dass Oki schlicht *terra incognita* war. Ich war sogar geneigt zu glauben, dass es mit der durchschnittlichen Moral der Menschen von Oki – verglichen mit jener der gewöhnlichen Menschen in den westlichen Provinzen – sicher wesentlich besser bestellt war als mit der der ungebildeten Schichten bei uns daheim.

Wovon ich mich in der Folge auch überzeugen konnte.

Unter meinen japanischen Bekannten konnte ich eine ganze Weile niemanden finden, der mir irgendwelche Informationen über Oki hätte geben können, abgesehen von der, dass die Inseln in alter Zeit für die Kaiser Go-Daigo und Go-Toba, von kriegerischen Usurpatoren entthront, als Ort der Verbannung gedient hatten, und das wusste ich bereits. Ziemlich unerwartet aber stieß ich schließlich auf einen Freund – einen ehemaligen Lehrergefährten –, der nicht nur schon einmal auf Oki gewesen war, sondern in ein paar Tagen in irgendeiner Geschäftsangelegenheit erneut dorthin fahren würde. Wir kamen überein, gemeinsam zu fahren. Seine Berichte über Oki unterschieden sich doch erheblich von denen derer, die noch nie dort gewesen waren. Die Menschen von Oki, so berichtete er, seien beinahe so zivilisiert wie die von Izumo: Sie hätten schöne Städte und gute öffentliche Schulen. Sie seien sehr einfach und unglaublich ehrlich und Fremden gegenüber extrem freundlich. Ihr ganzer Stolz liege darin, ihre Rasse seit jenen Zeiten, als die Japaner zuerst nach Japan gekommen waren, oder, in etwas romantischeren Worten, seit dem «Zeitalter der Götter» von äußeren Einflüssen frei gehalten zu haben. Sie seien allesamt Shintoisten, Mitglieder der Religion des Izumo-Großschreins, wobei sich der Buddhismus unter ihnen ebenfalls behauptet habe, im Wesentlichen infolge generöser Förderung einzelner Privatpersonen. Und es gebe dort äußerst komfortable Hotels, sodass ich mich ganz zu Hause fühlen würde.

Er gab mir außerdem ein kleines Buch über die Oki-Inseln, gedruckt zum Gebrauch an den dortigen Schulen, aus dem die folgende kurze Zusammenfassung von Fakten stammt.

***

Oki-no-Kuni bzw. die Provinz Oki besteht aus zwei kleinen Inselgruppen im Ostmeer, ungefähr hundert Meilen von der Küste von Izumo entfernt. Dōzen, wie die näher gelegene Gruppe heißt, besteht aus drei Hauptinseln – abgesehen von verschiedenen Eilanden –, die eng beieinanderliegen: Chiburishima bzw. Chiburi-Insel (manchmal auch Higashinoshima oder östliche Insel genannt), Nishinoshima bzw. westliche Insel und Nakanoshima, der mittleren Insel. Wesentlich größer als jede von diesen ist die Hauptinsel Dōgo, die zusammen mit weiteren, meist unbewohnten Eilanden die verbleibende Gruppe bildet. Manchmal wird auch diese Oki genannt – obgleich der Name Oki für gewöhnlich für den ganzen Archipel verwendet wird*.

Offiziell besteht Oki aus vier Kōri oder Landkreisen. Chiburi und Nishinoshima bilden zusammen Chiburigōri, Nakanoshima gemeinsam mit einem weiteren Eiland ist Amgōri, und Dōgo ist in Ochigōri und Sukigōri aufgeteilt.

All diese Inseln sind äußerst bergig, und lediglich ein kleiner Teil der Fläche ist je kultiviert worden. Ihre Haupteinnahmequelle bildet die Fischerei, mit der seit Urzeiten beinahe die gesamte Bevölkerung befasst ist.

Während der Wintermonate ist die See zwischen Oki und der Westküste für kleine Schiffe ungemein gefährlich, weshalb die Inseln während dieser Zeit wenig Kontakt zum Festland unterhalten. Lediglich ein Dampfschiff verkehrt von Sakai in Hōki nach Oki. Der kürzeste Weg, die Strecke von Sakai in Hōki nach Saigo, dem Haupthafen auf Oki, soll neununddreißig Ri[19] betragen, der Dampfer fährt auf seinem Weg dorthin aber auch noch die anderen Inseln an.

Es gibt auf Oki eine ganze Reihe kleiner Städte oder vielmehr Dörfer, von denen fünfundvierzig zu Dōgo gehören. Die Dörfer liegen beinahe ausnahmslos an der Küste. In den Hauptorten gibt es große Schulen. Die Gesamtpopulation der Inseln soll bei

---

* Die Namen Dōzen bzw. Tōzen und Dōgo bzw. Tōgo bedeuten so viel wie «die hinteren Inseln» und «die vorderen Inseln».

30 196 liegen, die jeweilige Bewohnerzahl der Städte und Dörfer wird allerdings nicht angegeben.

***

Der erste Eindruck war beinahe unheimlich. Zu beiden Seiten steil aus der See aufragend, erstreckten sich die stillen grünen Hügel vor uns, wechselten hinter den sommerlichen Dunstschwaden den Farbton und wurden dann Teil eines fabelgleichen Panoramas aus blauen Klippen, Kuppen und Kaps. Anzeichen menschlichen Lebens gab es nicht. Oberhalb der fahlen Sockel aus nacktem Fels ragten die Berge aus der tristen Wildheit zwergartiger Vegetation empor. Es war absolut kein Geräusch zu vernehmen außer dem der winzigen Maschine des Dampfschiffs – *Poum-Poum, Poum! Poum-Poum, Poum!* –, dem zarten Pochen einer Geisha-Trommel ähnlich. Diese grausame Stille setzte sich noch meilenweit fort: Nur das Fehlen hochgewachsener Bäume bezeugte, dass je ein Mensch diese aufragenden Hügel betreten hatte. Dann kam linker Hand aber plötzlich in der Falte eines Berges ein kleines graues Dörfchen in Sicht, und der Dampfer heulte auf und stoppte, während die Hügel sein Heulen siebenfach zurückwarfen.

Bei der Siedlung handelte es sich Chiburimura, zu Chiburishima gehörig (die Insel steuerbord war Nakashima) – offenkundig kaum mehr als eine Fischereistation. Zuerst ein Kai aus unzementierten Steinen, der aus der Bucht herausragte wie eine Mauer; dann hochgewachsene Bäume, zwischen denen hindurch der Blick auf ein *Torii* vor einem Shinto-Schrein fiel, zudem auf ein Dutzend Häuser, die eines hinter dem anderen die

185

Hohlkehle des Hügels erklommen, Dach hinter Dach, und darüber gelegen, inmitten all dieser Trostlosigkeit, einige terrassenartige Flecken bestellten Ackerlandes: Das war alles. Das Postschiff legte an, um seine Fracht auszuliefern, und setzte hernach die Fahrt fort.

Dann aber, ganz wider Erwarten, wurde die Landschaft lieblicher. Die Küstenlinie zu beiden Seiten wich mit einem Mal zurück und stieg an. Wir querten ein Binnenmeer, das von drei hoch aufragenden Eilanden eingefasst war. Zunächst schien uns der Weg durch Hügel, von Dunstschwaden verhangen, versperrt zu sein. Aber als sich diese, indem wir näher kamen, grün färbten, taten sich plötzlich zu beiden Seiten herrliche Klausen zwischen ihnen auf – Bergpforten, die meilenweite, erstaunliche Ausblicke auf Grate, Klippen und Kaps in Hunderten Blautönen preisgaben, von samtigem Indigo bis hin zu ganz speziellen Schattierungen von herrlicher, spektraler Erlesenheit. Ein getönter Schleier ließ jede Ferne traumähnlich wirken und verhüllte mit seinem trügerischen Farbspiel die schroffe Blöße der Felsen.

Die Schönheit der Landschaft West- oder Zentraljapans ist mit jener von Landschaften in anderen Ländern nicht vergleichbar, ist ihr doch ein ganz spezieller Charakter eigen. Der Blick von einem Bergpass hinab oder auf eine weit vorragende Landzunge, gesehen durch Sprühnebel, mag bei dem Fremden immer mal wieder plötzliche Erinnerungen an frühere Reisen wachrufen. Aber diese Illusion einer Ähnlichkeit verschwindet so rasch wieder, wie sie aufgetaucht ist.

Alles wirkt plötzlich unvertraut, und man wird sich bewusst, dass die Erinnerung bloß durch die Form, nicht durch die Farbe evoziert worden ist. Farben, die das Auge erfreuen, gibt es freilich, dazu aber gehören nicht das Grün der Berge oder die Tönungen der Landschaft überhaupt. Kultivierte Ebenen, Flächen des Reisanbaus, mögen zwar farblich in Richtung eines warmen Grüns tendieren, doch ist die generelle Farbgebung dieser Natur düster, die weitläufigen Wälder sind finster und die Farbtöne der Gräser entweder grell oder trüb. Leuchtendes Grün, wie es in tropischen Landschaften lodert, existiert nicht, weshalb auch aufgebrochene Blüten im Kontrast mit den schweren Farbnuancen der Vegetation, in der sie aufflammen, wesentlich intensiver erstrahlen. Außerhalb von Parks, Gärten und kultivierten Flächen fehlen diesem Grün der Vegetation jegliche Wärme und Zartheit, und man sollte nicht darauf hoffen, auch nur irgendwo ein derart volles Grün zu finden wie jenes, das die Lieblichkeit eines englischen Rasens ausmacht.

Und trotzdem liegt der Charme dieser fernöstlichen Landschaften in ihren außergewöhnlichen Farben – Phantomfarben, erlesen, elfenhaft, unbeschreiblich –, erschaffen durch das wundervolle Klima. Dunstschleier entfalten ihren Zauber über Distanzen hinweg, baden Bergkuppen in Zaubertönen von Blau und Grau in Hunderten Schattierungen, verwandeln nackte Klippen in Amethyste, hüllen den topasenen Morgen in spektralen Flor, verstärken die Pracht der Mittagssonne, indem sie den Horizont schlicht auslöschen, den Abend hingegen mit goldfarbenem Dunst erfüllen, die Wasser bronzen färben und den Sonnenuntergang mit Streifen von spukhaftem Violett und perlmuttem Grün versehen. Bereits die alten japanischen Künstler, die die wunderbaren *Ehon* herstellten – jene Bilderbücher, die man mittlerweile nur noch so selten sieht –, hatten versucht, ihre Eindrücke dieser Farbverzauberungen festzuhalten, und hatten es vor allem bei ihren Hintergründen zu einer beinahe mirakulösen Meisterschaft gebracht. Worin indes just der Grund dafür lag, dass einige ihrer Vordergründe manchem Fremden, der mit gewissen Eigenheiten japanischer Landwirtschaft nicht vertraut war, ein Rätsel blieben. Man sieht in diesen alten Bilderbüchern leuchtend safrangelbe Felder, zart lilafarbene Ebenen, purpurne und schneeweiße Bäume und wird daher womöglich ausrufen: «Wie absurd!» Kennte man aber Japan, würde man rufen: «Wie wunderbar realistisch!» Denn man wüsste, dass die glühend gelben Felder blühende Rapsfelder sind und die lilafarbenen weiten Ebenen mit blühenden Riesenkürbissen und die schneeweißen oder violetten Bäume keineswegs unrealistisch, sondern bestimmte, für die Blütephase von Pflaumen- und Kirschbäumen in diesem Land typische Phänomene gewissenhaft abbilden. Aber dieser chromatische Prunk kann lediglich während sehr kurzer Zeiträume der jeweiligen Jahreszeit bewundert werden: Der Vordergrund einer Landschaft im Inland ist daher tendenziell den Großteil des Jahres über farblich recht eintönig.

Es sind die Dunstschleier, die die Magie des Hintergrunds erzeugen. Doch auch ohne diese liegt in den Landschaften Japans eine eigentümliche, wilde, dunkle Schönheit, die nicht leicht in Worte zu fassen ist. Ihr Geheimnis muss man in den außergewöhnlichen Silhouetten der Berge suchen, der eigentümlich unvermittelten Faltung und dem Auszacken der Gebirgsketten: Keine zwei Kämme ähneln einander, jeder hat seine ganze eigene phantastische Art. Immer dort, wo die Formationen eine gewisse Höhe erreicht haben, sind sanft ansteigende Linien selten: Das grundlegende Charakteristikum ist hier Abruptheit, und der davon ausgehende Charme ist der Charme der Ungleichförmigkeit.

Zweifellos war es diese eigentümliche Natur selbst, die den Japanern von Beginn an zu ihrem einzigartigen Gespür für die Bedeutung von Unregelmäßigkeit im Feld der ornamentalen Kunst verholfen hat – sie jenes zentrale Geheimnis der Komposition gelehrt hat, wodurch sich ihre Kunst von jeder anderen unterscheidet. Darin, dieses dem Westen nahezubringen, sieht Professor Chamberlain gar ihren ganz speziellen Auftrag*. Sicher ist, dass, wer einmal die Schönheit und Bedeutsamkeit der alten japanischen dekorativen Kunst zu erspüren gelernt hat, danach wenig Freude an der entsprechenden Kunst des Westens finden wird. Was er nämlich gelernt hat, ist, dass der Natur größter Charme in ihrer Ungleichförmigkeit begründet liegt. Und vielleicht sollte einmal etwas von sicher nicht geringer Bedeutung zu der Frage geschrieben werden, ob der größte Charme menschlichen Lebens und Wirkens überhaupt nicht ebenfalls in seiner Ungleichförmigkeit liege.

***

Wieder unter Dampf ging es von Chiburimura in Richtung des Hafens Urago, das auf der Insel Nishinoshima liegt. Als wir uns näherten, kam Takuhizan imposant in Sicht. Aus der Ferne war

---

* Siehe dazu den Artikel zur Kunst in seinem *ABC der japanischen Kultur*.

einem die Gestalt weich und wunderschön erschienen, als sich dann aber seine blaue Tönung verflüchtigte, bekam der Anblick etwas Hartes, beinahe Unwirtliches: ein riesenhafter, zerklüfteter Koloss, über und über in düsteres Grün gehüllt, durch das, wie durch Lumpen, in den wildesten Formationen hier und dort blanke Felsen ragten. Ich erinnere mich, dass ein Fragment, als Sonnenlicht schräg auf die Ungleichförmigkeiten seiner Kuppe traf, das Aussehen eines riesenhaften grauen Schädels hatte. Am Fuße dieses Bergs und zur Küste von Nakashima hin ausgerichtet, ragt eine pyramidenartige Felsmasse auf, bedeckt von kargem Niedrigbewuchs und einige hundert Fuß hoch – der Mongakuzan. Auf dem verlassenen Gipfel steht ein kleiner Schrein.

«Takuhizan» bedeutet so viel wie «Brennender Berg» – ein Name, der entweder auf die Legende von gespenstischen Bränden darauf oder auf sehr alte Erinnerungen an seine vulkanische Periode zurückgeht. «Mongakuzan» heißt «Berg des Mongaku» – womit Mongaku Shōnin, der bedeutende Mönch, gemeint ist. Es wird erzählt, Mongaku Shōnin sei nach Oki geflüchtet und habe viele Jahre allein auf dem Gipfel des Berges gelebt, habe dort Buße für seine Todsünde getan. Ob er tatsächlich je Oki besucht hat, kann ich nicht mit Bestimmtheit sagen, es gibt auch Überlieferungen, die das Gegenteil behaupten. Der kleine Gipfel aber trägt seit Hunderten von Jahren seinen Namen.

Dies nun ist die Geschichte des Mongaku Shōnin:

Vor vielen Jahrhunderten lebte in der Stadt Kyoto der Hauptmann einer Garnison. Sein Name war Endō Moritō. Er erblickte die Frau eines adeligen Samurais und verliebte sich in sie. Und als sie sich weigerte, seinem Verlangen Gehör zu schenken, schwor er, ihre Familie zu zerstören, sollte sie nicht in den Plan einwilligen, den er ihr unterbreitet hatte. Dieser sah vor, dass sie ihm in einer bestimmten Nacht Zugang zu ihrem Haus verschaffen sollte, woraufhin er ihren Ehemann töten würde und sie seine Frau werden sollte.

Sie aber, nur zum Schein zustimmend, ersann eine noble List, um ihre Ehre zu bewahren. Hierzu schrieb sie, nachdem sie ihren Ehemann überredet hatte, die Stadt zu verlassen, Endō einen Brief und bat ihn, in einer bestimmten Nacht zum Haus zu kommen. Und in jener Nacht kleidete sie sich in die Gewänder ihres Gatten und richtete sich das Haar so wie das eines Mannes und legte sich dann auf seine Seite des Bettes und schützte vor zu schlafen.

Und in tiefster Nacht kam Endō, das Schwert gezückt, und schlug dem Schläfer mit nur einem Hieb den Kopf ab und packte ihn am Schopf, hob ihn in die Höhe und erkannte, dass es der Kopf der Frau war, die er geliebt und über die er Unglück gebracht hatte.

Reue übermannte ihn, und er eilte zu einem nahe gelegenen Tempel, beichtete seine Sünden und tat Buße, schnitt sich die Haare ab und wurde Mönch und nahm den Namen Mongaku an. Und nach Jahren gelangte er zu großer Heiligkeit, sodass die Menschen noch immer zu ihm beten und sein Andenken im ganzen Land in Ehren gehalten wird.

In Asakusa in Tokio, in einer der wunderlichen kleinen Straßen, die zum Großen Tempel von Kwannon der Barmherzigen führen, sind stets wunderbare Darstellungen zu bestaunen – Figuren, die zu leben scheinen, obwohl sie aus Holz sind –, die die alten Legenden Japans illustrieren. Und dort kann man auch Endō stehen sehen: in seiner Rechten das Blutgeruch verströmende Schwert, in der Linken den Kopf einer bildschönen Frau. Ihr Gesicht wird man schnell vergessen, weil es bloß schön ist.

Endōs Gesicht hingegen niemals – die Abgründe der Hölle spiegeln sich darin.

***

Dōgo, die Hauptinsel des Oki-Archipels, manchmal ebenfalls «Oki» genannt, liegt acht Meilen entfernt, nordöstlich der Dōzen-Gruppe, jenseits eines Gebietes, wo die See sehr tückisch ist. Wir nahmen gleich nach der Abfahrt in Urago Kurs darauf, passierten auf dem Weg ins offene Meer zwischen Nakanoshima und Nishinoshima eine schmale und fabelhafte Meerenge, wo die Klippen die Form riesenhafter Befestigungsanlagen annehmen, von in Reihen übereinandergestapelten Bollwerken und Schutzwällen. Gleich neben der Mündung der Passage erheben sich drei Felsen von riesenhaften Ausmaßen aus der Tiefe wie zertrümmerte Türme, die vor Urzeiten einmal einen einzigen Koloss gebildet haben mögen, bevor dieser vermeintlich von einer fürchterlichen Erschütterung zerteilt worden ist. Und dann lassen wir das letzte Kap von Nishinoshima auf der Backbordseite liegen, einen riesigen, roten, blanken Fels, der seine Spitze gen Himmel reckt. Sie ist derart eigentümlich geformt, dass man ihr einen Namen gegeben hat, der sinngemäß «Der Hut des Shinto-Priesters» lautet.

Als wir hinaus in die Dünung der See gleiten, tauchen, aus

großer Tiefe emporragend, weitere bemerkenswerte Formationen auf. In Komori, die «Fledermaus», deren zerklüftete Silhouette sich vor dem Horizont abzeichnet, hat sich ein riesiges Loch
gefressen, das einen wie ein Auge anstarrt. Weiter vorn weisen
zwei Kolosse, gebogen, spitz zulaufend und an der Spitze einander beinahe berührend, eine groteske Ähnlichkeit mit den
Scheren eines Krebses auf. Dann kommt ein kleiner dunkler
Fels in den Blick, den man, solange man ihm nicht wirklich nahe
gekommen ist, für einen Ruderer im Boot hält. Hinter all dem
liegen zwei Inseln: Matsushima, unbewohnt und unzugänglich,
in deren Nähe immer eine gefährliche Dünung geht. Und Omorishima, sogar noch höher aufragend, die sich in Gestalt gewaltiger rötlicher Steilhänge aus dem Ozean emporhebt. Diesen
unheilvollen Kolossen schien irgendeine düstere Macht innezu-
wohnen, so wie unser Dampfer schwankte und zitterte, als er
sie passierte. Ich aber wurde unterhalb dieser famosen Klippen
von Omorishima eines wunderbaren Farbenspiels gewahr. Sie
wurden von der schräg stehenden Sonne angestrahlt, und dort,
wo der Widerschein der hellen Felsen aufs Wasser fiel, blitzte
jede schwarz-blaue Kräuselung bronzen auf: Ich musste an ein
Meer metallisch-violetter Tinte denken.

Von Dōzen aus kann man bei gutem Wetter die Klippen von
Dōgo deutlich sehen. Hier und dort tragen sie Streifen in kalki-
gem Weiß, das selbst an dunstigen Tagen das Blau durchbricht.
Dahinter ist ein gewaltiges Massiv zu sehen – ein *Point-de-repère*
für die Seeleute von Hōki –, der Berg Daimanji. Dōgo ist fürwahr eine einzige große Ansammlung von Bergen.

Rasch wiesen seine Klippen vor uns immer mehr Grün auf,
und wir folgten ihnen vielleicht eine halbe Stunde lang in östli-

cher Richtung. Dann öffneten sie sich unerwartet und weit, brachten eine großartige Bucht zum Vorschein, die sich tief ins Land hinein weitete, umstanden von Hügeln und voller Schiffe. Jenseits des Durcheinanders von Masten schob sich langsam, am Fuße einer sichelförmigen Formation von Klippen gelegen, eine lange graue Kette von Hausfassaden in den Blick: die Stadt Saigo. Und kurz darauf schon legten wir am steinernen Kai an. Und ich sagte der Oki-Saigo für einen Monat Lebewohl.

***

Saigo war eine große Überraschung. Anstelle des großen Fischerdorfes, das zu sehen ich erwartet hatte, fand ich eine Stadt vor, die wesentlich größer, hübscher und in jeglicher Hinsicht moderner war als Sakai. Eine Stadt mit langen Straßen voller guter Geschäfte, mit vorzüglichen öffentlichen Gebäuden, eine Stadt, deren gesamtes Erscheinungsbild wirtschaftlichen Wohlstand erkennen ließ. Bei den meisten Häusern handelte es sich um geräumige zweistöckige Gebäude, die Kaufleuten gehörten und allesamt freundlich und neu aussahen. Das ungestrichene Balkenwerk hatte sich noch nicht grau verfärbt, und die Blautöne der Ziegel waren noch immer frisch. Was daran lag, wie ich erfuhr, dass die Stadt nach einer Feuersbrunst wiederaufgebaut worden war, und zwar nach einem größeren und hübscheren Grundriss.

Und doch wirkt Saigo größer, als es tatsächlich ist. Es gibt rund tausend Häuser, eine Zahl, die überall in Westjapan eine Population von wenigstens fünftausend Menschen bedeutet, in Saigo allerdings wohl noch wesentlich mehr bedeuten müsste.

Die Häuser stehen entlang dreier langer Straßen – Nishimachi, Nakamachi und Higashimachi (was westliche, mittlere bzw. östliche Straße meint), die von zahlreichen Querstraßen und Gassen zerteilt werden. Der Eindruck disproportionaler Größe entsteht durch die wunderliche Art und Weise, in der die Straßen hierhin und dorthin führen, den Ungleichförmigkeiten des Küstenverlaufs folgend, und sich mitunter ineinander verkeilen, was aus bestimmten Perspektiven den Eindruck von Weitläufigkeit entstehen lässt, die in dieser Form allerdings nicht gegeben ist. Denn Saigo ist höchst eigentümlich, wenngleich auch hübsch gelegen. Die Stadt säumt beidseitig die Ufer eines Flusses, des Yabigawa, gleich an dessen Mündung, reicht dann weit um eine lange Landzunge im Innern der prächtigen Bai herum und erstreckt sich außerdem auf verschiedene andere Landausläufer. Aber auch wenn sie kleiner ist, als sie aussieht, so braucht man doch gut und gerne einen ganzen Nachmittag, um all ihre Serpentinen abzulaufen. Außer vom Yabigawa wird die Stadt noch von verschiedenen Kanälen durchzogen, über die eine Reihe von Brücken führen. Auf den Hügeln im Hintergrund stehen einige große Gebäude einschließlich eines privaten Internats für dreihundert Schüler, eines hübschen buddhistischen Tempels (noch recht neu) – das Geschenk eines reichen Bürgers –, eines Gefängnisses und eines Krankenhauses, das seinen Ruf, das hübscheste japanische Gebäude dieser Größe nicht nur in Oki, sondern in ganz Shimane-Ken zu sein, voll und ganz verdient hat, nebst einiger kleiner, aber sehr hübscher Gärten.

Was den Hafen betrifft, so lassen sich an einem Sommertag auf dem Wasser mehr als dreihundert Schiffe zählen. Griesgrämige Seebären, speziell solche von der Sorte, die noch immer hölzerne Anker verwenden, mokieren sich über die Tiefe. Kriegssegelschiffe haben damit natürlich keine Schwierigkeiten.

***

Niemals zuvor bin ich im westlichen Japan behaglicher untergebracht worden als in Saigo. Mein Freund und ich waren die einzigen Gäste in dem Hotel, das man uns empfohlen hatte. Von unseren geräumigen und vornehmen Zimmern im oberen Stockwerk aus konnten wir zur einen Seite die Hauptstraße überblicken, die andere Seite bot ein herrliches Bergpanorama jenseits der Mündung des Yabigawa, der hinter unserem Garten vorbeifloss. Vom Meer ging Tag und Nacht eine Brise und machte jene hübschen Fächer obsolet, die während der heißen Monate an die Gäste zu verteilen in Japan Gepflogenheit ist. Die Kost war erstaunlich gut und überraschend abwechslungsreich, und man unterrichtete mich, dass ich auch Seyō-ryōri (westliche Küche) bestellen könne, wenn ich es denn wünschte – Beefsteak mit frittierten Kartoffeln, Brathühnchen und dergleichen mehr. Ich machte von der Offerte keinen Gebrauch, da ich auf Reisen die Regel befolge, keine Umstände zu machen und ausschließlich einheimische Kost zu verzehren. Dennoch war es keine geringe Überraschung, dass man mir in Saigo etwas anbot, was in jeder anderen japanischen Stadt von fünftausend Einwohnern schier unmöglich zu bekommen ist. Unter dem Gesichtspunkt der Romantik war die Entdeckung natürlich eine Enttäuschung. Nach meiner Reise in die primitivste Region Ja-

196

pans hatte ich mich dort weit außerhalb des Einflussbereichs jeglicher Modernität gewähnt, und da war das Angebot von Beefsteak mit frittierten Kartoffeln schlicht desillusionierend. Selbst die darauffolgende Entdeckung, dass es weder Zeitungen noch Telegrafen gab, vermochte mich nicht vollends zu trösten. Der Genuss dieser Annehmlichkeiten wurde allerdings durch eine Sache doch erheblich geschmälert: einen allgegenwärtigen, äußerst intensiven, alles durchdringenden Gestank von verfaulendem Fisch, der hier als Dünger genutzt wird. Tonnenweise werden Tintenfischinnereien auf den Feldern jenseits des Yabigawa ausgebracht, und die niemals zur Ruhe kommende Seebrise weht den Gestank in alle Häuser. Vergebens werden in den meisten Unterkünften während der Hitzeperiode Räuchermittel verbrannt. Nach vollen drei oder vier Tagen in der Stadt hält man den Geruch etwas besser aus. Verlässt man sie aber auch nur für Stunden, wird man bei der Rückkunft überrascht sein, wie taub die Gewöhnung die eigene Nase bereits hat werden lassen und wie sehr die Abwesenheit sie erfrischt hat.

***

Lange vor meinem Besuch in Oki hatte ich gehört, dass Straftaten wie Diebstahl auf dem kleinen Archipel unbekannt seien. Dass man es dort noch nie für notwendig erachtet habe, irgendetwas abzuschließen. Und dass, wann immer das Wetter es zulasse, die Menschen ihre Häuser nach allen Richtungen hin offen stehen ließen, während sie schliefen.

Und nach sorgfältiger Überprüfung stellte ich fest, dass diese überraschenden Angaben in hohem Maße der Wahrheit entsprachen. Auf der Dōzen-Inselgruppe jedenfalls gibt es keine Diebe und praktisch keinerlei Kriminalität. Zehn Polizisten reichen aus, um sowohl Dōzen als auch Dōgo mit einer Gesamtbevölkerung von 30196 Seelen in Gänze zu kontrollieren. Jeder Beamte hat eine Reihe von Dörfern zu inspizieren, die er an festgelegten Tagen besucht. Offenkundig hält sich aber auch niemand schadlos, sollte er einem von ihnen einmal auf unbestimmte Zeit fernbleiben. Seine Arbeit beschränkt sich zumeist auf die Umsetzung hygienischer Vorschriften und das Verfassen von Berichten. Dass er eine Festnahme für nötig erachtet, kommt äußerst selten vor, da die Menschen überhaupt kaum je streiten.

Lediglich auf Dōgo kommt hin und wieder einmal ein Gelegenheitsdiebstahl vor, weshalb auch die Menschen nur in diesem Teil von Oki überhaupt irgendwelche Vorkehrungen treffen. Früher hatte es nicht einmal ein Gefängnis gegeben, und Diebstahl war gänzlich unbekannt gewesen, und noch heute behaupten die Menschen von Dōgo, die wenigen Personen, die auf ihrer Insel wegen solcher Delikte festgenommen worden sind, seien nicht von Oki gebürtig, vielmehr handele es sich dabei um Fremde vom Festland. Als gesichert aber kann gelten, dass Diebstahl auf Oki so lange unbekannt war, bis der Hafen von Saigo seine heutige Bedeutung erlangte. Durch das rapide Anwachsen der Dampfschiffverbindungen mit den anderen Teilen des Reiches ist der Handel in ganz Westjapan gewachsen. Wirtschaftlich hat auch der Hafen von Saigo von den neuen Bedingungen profitiert, in moralischer Hinsicht indes Verluste verzeichnen müssen.

Und doch sind in Saigo Rechtsverstöße noch immer überraschend selten. Es gibt ein Gefängnis, und während meines Aufenthalts saßen dort auch Menschen ein, wobei die Häftlinge solcher Vergehen wie Glücksspiel (was per Gesetz in jeglicher Form streng verboten ist) oder noch geringerer Missetaten für schuldig befunden worden waren. Wird ein schweres Verbrechen verübt, wird der Straftäter auch nicht auf Oki bestraft, sondern in das große Gefängnis in Matsue in Izumo verbracht.

Die Dōzen-Inseln hingegen bewahren in vorbildlicher Weise ihren uralten Ruf tadelloser Ehrlichkeit. Seit Menschengedenken hat es auf den drei Inseln keinen einzigen Dieb gegeben. Und es gibt auch keine ernsten Streitereien, keine körperlichen Auseinandersetzungen, nichts, was irgendjemandem das Leben sauer machen könnte. So wild und karg das Land auch ist, so lässt es sich hier doch recht angenehm leben. Die Nahrungsmittel sind günstig und reichlich vorhanden, und Sitten und Gebräuche haben sich ihre primitive Schlichtheit bewahrt.

***

Und selbst die häuslichen Sicherheitsvorkehrungen Dieben in Izumo gegenüber wirken in den Augen des Fremden abstrus. In den östlichen Städten des Kaiserreichs werden sehr häufig *Cheveaux-de-frise*[20] aus Bambusrohr benutzt, in Izumo allerdings sieht man sie selten, und sie sind auch nicht dafür geeignet, die Schwachstellen eines Hauses, an denen man sie platziert, zu schützen. Vor Wänden oder Zäunen dienen sie lediglich als

Abstandhalter oder dekorative Begrenzung, über die jeder hinwegsteigen kann. Zu dem durchschnittlichen japanischen Haus kann sich außerdem ohnehin jeder mittels eines Taschenmessers Zugang verschaffen. Die Amadō, dünnwandige Schiebeblenden aus weichem Holz, sind mit einem Hieb leicht zu durchschlagen, zudem gibt es in den meisten Häusern in Izumo nicht ein einziges Schloss, das einem energischen Ruck widerstünde. Tatsächlich aber sind die Japaner sich der Wirkungslosigkeit ihrer hölzernen Wandkonstruktionen Dieben gegenüber so weit bewusst, dass alle, die es sich leisten können, Kura errichten – kleine, massiv gebaute, feuersichere und (nach japanischen Maßstäben) beinahe einbruchsichere Gebäude mit sehr dicken irdenen Wänden, einer schmalen gewichtigen Tür, verschließbar mit einem gigantischen Vorhängeschloss und einem sehr kleinen vergitterten Fenster, weit oben gelegen, knapp unterhalb des Daches. Die Kura werden weiß getüncht und sehen sehr hübsch aus. Bewohnbar sind sie indes nicht, da im Innern modrig und dunkel, und dienen lediglich als Lagerstätten für Wertgegenstände. Es ist nicht leicht, in ein Kura einzubrechen.

«In diebischer Absicht» in eines der Wohnhäuser in Izumo einzudringen stellt allerdings kein Problem dar, es sei denn, es befinden sich gute Wachhunde auf dem Gelände. Der Einbrecher weiß, dass, sollte er bei seinem Vorhaben überhaupt auf Schwierigkeiten stoßen, sich diese höchstwahrscheinlich erst dann zeigen werden, wenn er sich bereits Zugang verschafft hat. In Ansehung dessen trägt er für gewöhnlich ein Schwert bei sich.

Er legt es nichtsdestoweniger aber auch gar nicht darauf an, in irgendeine Zwangslage zu geraten, die nach dem Gebrauch des Schwerts verlangte. Und um derlei unerfreuliche Möglichkeit im Vorhinein auszuschließen, nimmt er Zuflucht zur Magie.

Dazu sucht er das Grundstück nach einem Tarai ab – einer Art Bottich. Wird er fündig, führt er in einem bestimmten Teil des Hofes ein namenloses Ritual durch und deckt die Stelle mit dem umgedrehten Bottich ab. Gelingt ihm dies ungestört, so sein Glaube, wird alle Bewohner des Hauses ein Zauberschlaf befallen und er in der Lage sein, jegliches nach Belieben fortzutragen, ohne gehört oder gesehen zu werden.

Natürlich aber kennt man in jedem Haushalt in Izumi die Gegenzauberformel. Jeden Abend vor dem Zubettgehen sorgt die achtsame Hausfrau dafür, dass ein Hōchō, ein Küchenmesser, auf den Küchenfußboden gelegt wird, zugedeckt mit einem Kanadarai, einem messingenen Waschzuber, auf dessen umgestürzten Boden eine einzelne Strohsandale platziert wird, von der geräuschlosen Sorte, genannt Zōri, ebenfalls umgedreht. Sie glaubt, dieses bisschen Hexerei werde nicht nur den Bann des Diebes aufheben, sondern es ihm außerdem unmöglich machen, irgendetwas aus dem Haus wegzutragen – selbst dann, wenn es ihm gelingen sollte, unbemerkt hineinzukommen. Zudem wird sie dafür sorgen, außer, sie ist wirklich sehr müde, dass der Tarai ins Haus gebracht wird, bevor die Amadō zur Nacht verschlossen werden.

Sollte, weil all dies versäumt wurde – diese Sicherheitsvorkehrungen, wie die gute Hausfrau sagen würde – oder dessen ungeachtet, das Haus ausgeraubt werden, während die Familie schläft, begibt man sich am nächsten Morgen früh auf die Suche nach den Fußabdrücken des Diebes und platziert eine brennende Moxa* in jedem einzelnen. Dadurch, so hofft oder glaubt man, würden die Füße des Diebes derart wund, dass er nicht weit laufen könne und die Polizei in der Lage sei, ihn ohne Schwierigkeiten einzuholen.

***

Bei meinem zweiten Besuch blieb ich beinahe acht Tage in Hishi-ura, aber lediglich drei in Urago. Urago erwies sich als weniger angenehm – nicht weil die Übelgerüche dort stärker gewesen wären als in Saigo, sondern anderer Gründe wegen, auf die ich gleich zu sprechen kommen werde.

Nicht wenige Kriegsschiffe haben schon in Saigo angelegt, und auf den Straßen ist man englischer und russischer Marineoffiziere ansichtig geworden. Es waren hochgewachsene, blonde, kräftige Männer, und die Bewohner Okis sind noch immer der Auffassung, alle Fremden des Westens hätten dieselbe Statur und Gesichtsfarbe. Ich war indes der erste Fremde, der je auch nur eine Nacht in der Stadt zugebracht hatte, und ich blieb gleich zwei ganze Wochen dort. Aber klein von Wuchs, dunkel

---

* *Moxa*, Abwandlung des einheimischen Namens des Wermutkrautes, *More-kusa*, oder *Mogusa*, «die brennende Wolle». Kleine Kegel aus den Fasern der Pflanze werden nach den Prinzipien der alten chinesischen Medizin zum Kautarisieren verwendet. Hierzu werden die Zylinder auf der Haut des Patienten platziert, entzündet und schwelen dann so lange, bis sie ganz verglüht sind. Das Resultat ist eine tiefe Wunde. Die Moxa wird nicht nur therapeutisch verwendet, sondern auch zur Bestrafung besonders unartiger Kinder. Vgl. hierzu auch den sehr interessanten Eintrag zum Thema in Professor Chamberlains *ABC der japanischen Kultur*.

und gekleidet wie ein Japaner, erregte ich unter den normalen Bürgern wenig Aufsehen. Es kam ihnen so vor, als wäre ich bloß ein drollig aussehender Japaner aus irgendeinem fernen Teil des Kaiserreiches. In Hishi-ura erhielt sich eine Weile lang der gleiche Eindruck, und selbst nachdem sich die Tatsache, dass ich ein Fremder war, überall herumgesprochen hatte, gab mir die Bevölkerung keinerlei Anlass zur Verärgerung: Sie hatten sich längst daran gewöhnt, mich zu sehen, wie ich durch die Straßen lief oder in der Bucht schwamm. In Urago allerdings verhielt es sich grundlegend anders. Als ich das erste Mal dort anlandete, war es mir gelungen, dass niemand Notiz nahm, da ich japanisch gekleidet war und zudem einen übergroßen Izumo-Hut trug, der mein Gesicht teilweise verdeckte. Nachdem ich nach Saigo aufgebrochen war, hatten die Menschen offenbar herausgefunden, dass sich tatsächlich ohne ihr Wissen ein Ausländer in Urago aufgehalten hatte – der Allererste, der je in Dōzen gesehen worden war. Weshalb mein zweiter Besuch derartiges Aufsehen erregte, wie ich es noch nie zuvor irgendwo verursacht hatte außer in Kaka-ura.

Ich hatte kaum das Hotel betreten, als die Straße bereits vollständig von einer staunenden Menschenmenge blockiert wurde, die begierig war, mich zu sehen. Leider lag das Hotel an einer Straßenecke, sodass es bald von zwei Seiten belagert war. Man brachte mich in ein großes, nach hinten gelegenes Zimmer im zweiten Stock, wo ich mich gerade auf meiner Matte niedergelassen hatte, als die Menschen auch schon die Treppe hinaufkamen, beinahe geräuschlos, wobei alle ihre Sandalen am Fuße der Treppe zurückließen. Sie waren zu höflich, als dass sie das Zimmer betreten hätten, vier oder fünf steckten jedoch gleichzeitig ihre Köpfe durch die Tür, verbeugten sich, lächelten und schauten und zogen sich dann wieder zurück, um Platz für jene zu machen, die sich hinter ihnen auf der Treppe drängten. Mir mein Abendessen zu bringen war für den Diener keine leichte Aufgabe. In der Zwischenzeit hatten sich nicht nur die oberen Zimmer der Häuser gegenüber mit Schaulustigen gefüllt, sondern zudem alle Dächer – nördlich, östlich und im Süden –, die einen Ausblick auf meine Räumlichkeiten boten, weshalb sie von einer Vielzahl Männer und Jungen okkupiert wurden.

Eine Reihe junger Burschen war zudem auf die schmalen Dachvorsprünge über den unterhalb meiner Fenster liegenden Galerien geklettert (wie, konnte ich mir gar nicht vorstellen), und jegliche Öffnungen meines Zimmers, auf drei Seiten, waren voller Gesichter. Ziegel gaben nach, und Jungen stürzen herab, aber verletzt zu haben schien sich niemand. Das wohl Eigenartigste aber war, dass während der Durchführung dieser außerordentlichen Turnübungen eine Totenstille herrschte: Hätte ich den Pulk nicht gesehen, hätte ich ebenso annehmen können, es sei nicht eine Menschenseele auf der Straße.

Der Hauseigner begann zu schimpfen, rief dann aber, nachdem er gemerkt hatte, dass Schimpfen zu nichts führte, einen Polizisten. Der Polizist bat mich, ein Nachsehen mit den Menschen zu haben, die noch niemals zuvor einen Fremden gesehen hätten, und erkundigte sich, ob ich wünsche, dass er die Straße räume. Er hätte dazu bloß den kleinen Finger heben müssen, aber da mich die Szenerie amüsierte, bat ich ihn, die Leute nicht fortzuschicken, sondern lediglich die Jungen anzuweisen, nicht auf die Markisen zu klettern, von denen sie einige bereits beschädigt hatten. Er erklärte es ihnen aufs Wirkungsvollste, sprach dabei mit sehr leiser Stimme. Während der restlichen Zeit, die ich in Urago verbrachte, wagte niemand, sich den Markisen auch nur zu nähern. Ein japanischer Polizist erklärt einen neuen Sachverhalt niemals mehr als einmal und bleibt dabei stets vollkommen sachlich.

Die öffentliche Neugier hielt allerdings drei Tage lang an, ohne abzuflauen, und hätte auch noch länger angehalten, hätte ich nicht die Flucht von Urago angetreten. Wann immer ich ausging, hatte ich die Bevölkerung im Schlepptau, deren Sandalengetrippel klang wie Kies, der von der Brandung hin und her geschleift wird. Von diesem speziellen Geräusch abgesehen, aber herrschte Stille. Niemand sprach. Ob der Grund hierfür darin lag, dass alle geistigen Fähigkeiten vom intensiven Verlangen, mich zu sehen, beansprucht wurden, sodass es ihnen die Sprache verschlug, vermag ich nicht zu sagen. Aber in all dieser Neugier lag keinerlei Derbheit, es gab nichts, was man irgendwie als unhöflich hätte bezeichnen können, außer der Art und Weise, wie man ohne Befugnis zu meinem Zimmer hinaufkletterte, aber auch das ging derart höflich vonstatten, dass es mir nicht darum zu tun sein konnte, die Eindringlinge tadeln zu lassen. Drei Tage lang unter diesen Bedingungen zu leben erwies sich dennoch als anstrengend. Trotz der Hitze musste ich nachts Türen und Fenster verschließen, damit man mich im Schlaf nicht beobachtete. Um meine Habseligkeiten hatte ich keine Angst: Auf der Insel wird nie etwas gestohlen. Aber fortwährend lautlos umscharrt zu werden war am Ende weit mehr als einfach bloß lästig. Es war zwar unschuldig, aber nichtsdestoweniger eigenartig. Ich fühlte mich dadurch wie ein Geist –, ein Neuling in den Reihen der Meido, umgeben von stimmlosen Silhouetten.

***

Ungestörtheit jedweder Form gibt es im Leben der Japaner nur ganz selten. Tatsächlich kennen die Menschen das, was wir im Westen mit dem Wort «privat» bezeichnen, gar nicht. Nur Wände aus Papier trennen das Leben des einen von dem des anderen, statt Türen gibt es nur verschiebbare Sichtblenden. Tags werden weder Schlösser noch Riegel benutzt, und wann immer das Wetter es zulässt, werden die Vorderseiten, vielleicht sogar die Seitenwände des Hauses buchstäblich entfernt und das Innere für die Luft, das Licht und das Auge der Allgemeinheit weit geöffnet. Nicht einmal der Reiche verschließt bei Tage sein vorderes Gatter. Im Hotel oder selbst in normalen Wohnhäusern klopft niemand an, bevor er ein Zimmer betritt: Es gibt schlicht nichts, worauf man klopfen könnte, außer einen Shōji oder Fusuma, auf die man aber nicht klopfen kann, ohne sie zu zertrümmern. Und in dieser Welt der Papierwände und des Sonnenlichts schämt sich auch niemand vor seinen Mitmännlein und -weiblein. Was man auch tut, tut man gewissermaßen in aller Öffentlichkeit. Die eigenen Gewohnheiten, Exzentrizitäten (sollte man denn welche haben), Marotten, Vorlieben und Abneigungen, Leidenschaften und Verhasstheiten sind aller Welt bekannt. Weder Sünden noch Tugenden bleiben verborgen: Es gibt schlicht keinen Ort, sie zu verbergen. Und so lebt man bereits seit Urzeiten. Schon allein die Vorstellung eines unbeobachteten Lebens hat, zumindest für die Masse des gemeinen Volks, nie existiert. Man kann in Japan nur unter der Bedingung ein bequemes und glückliches Leben führen, dass die Gemeinschaft in alle damit einhergehenden Angelegenheiten unbeschränkt Einblick hat. Was außerordentliche moralische Bedingungen zwingend macht, wie sie kein Individuum im Westen erfüllen würde. Wirklich nachvollziehbar ist dies nur für jene, die schon aus eigener Erfahrung den ungewöhnlichen Charme des japanischen Charakters kennengelernt haben, die unerschöpfliche Güte der einfachen Menschen, ihre intuitive Höflichkeit und das Fehlen jeglicher Neigung, in Kritik, Spott, Ironie oder Sarkasmus zu schwelgen. Niemand strebt danach, sich selbst in den Vordergrund zu drängen, indem er seine Mitmenschen herabsetzt. Keiner versucht, sich als besseren Menschen darzustellen: Jeder Versuch dieser Art wäre vergebens in einer Gesellschaft, in der jeder die Schwächen des anderen kennt, wo nichts verheimlicht oder verborgen werden kann und in der Heuchelei nur mehr als milde Form von Wahnsinn begriffen wird.

***

Einige der alten Samurai Matsues leben auf den Oki-Inseln. Als die mächtige Militärkaste aufgelöst wurde, hatten sich eine Reihe kluger Männer entschieden, ihr Glück auf dem kleinen Archipel zu versuchen, wo die Sitten noch althergebracht und das Land billig waren. Nicht wenigen gelang es – womöglich wegen der edelmütigen Ehrlichkeit und Einfachheit der Gepflogenheiten auf den Inseln. (Andernorts ist es den Samurai nämlich selten geglückt, erfolgreich Handel zu treiben, wenn sie gezwungen waren, sich mit erfahrenen Händlern zu messen.) Andere scheiterten, konnten aber verschiedene andere niedrige Beschäftigungen übernehmen und so ihr Auskommen finden.

Neben diesen betagten Überlebenden der feudalen Periode leben dort auf Oki, wie ich erfuhr, eine Reihe Kinder ehedem adeliger Familien – Burschen und junge Mädchen erlauchter Abstammung –, die sich in dieser abgelegensten und ärmsten Region des Reiches tapfer den neuen Lebensbedingungen haben stellen müssen. Töchter von Männern, vor denen sich einst die Bevölkerung einer Stadt verneigt hatte, haben die harte Plackerei auf den Reisfeldern kennenlernen müssen. Jungen, die in einer anderen Ära nach einem Staatsamt gestrebt hätten, sind zu verlässlichen Dienern der Oki-Heimin geworden. Wieder andere sind in den Polizeidienst* eingetreten und schätzen sich darob zu Recht glücklich.

Ganz ohne Zweifel wird der zivilisatorische Wandel, den christliche Bajonette Japan aus dem heiligen Motiv der Bereicherung heraus aufzwingen, das Reich vor noch größeren Bedrohungen bewahren, als es die soziale Aufsplitterung zuletzt bedeutete. Dennoch kam er brutal unvermittelt. Aber sich einmal die Konsequenzen auszumalen, die es haben würde, beraubte man die englische Gentry ihrer Einkünfte, versetzt einen noch längst nicht in die Lage, genau nachempfinden zu können,

---

* Die japanische Polizei entstammt beinahe vollständig der Samurai-Klasse, jetzt Shizoku genannt. Meiner Ansicht nach kann man sie als perfekteste Polizei der Welt bezeichnen, aber ob sie nach dem Niedergang einer weiteren Generation noch über jene phantastischen Qualitäten verfügen wird, die sie derzeit auszeichnen, ist fraglich. Noch trägt das Samurai-Geblüt dafür Sorge.

welche Bedeutung die artverwandte Enteignung für die japanischen Samurai gehabt haben muss. Kannte die alte Kriegerkaste doch nichts weiter als die sieben Tugenden und die Kunst des Krieges.

***

Und wieder saß ich auf dem Kabinendach des Oki-Saigo – doch diesmal ging es heimwärts – und versuchte, mir die Melancholie zu erklären, mit der ich diese wilden Inselküsten jenseits der blassen See am weißen Horizont verschwinden sah. Zweifellos wurde sie zum Teil von der Erinnerung an die Freundlichkeit hervorgerufen, die mir viele entgegengebracht hatten, die ich nie wiedersehen würde. Andernteils aber auch durch meine Vertrautheit mit diesem uralten Flecken Erde und das Gedenken an seine Landschaften und Orte: der weiten, blauen Sichtachsen entlang schiffbarer Wasserwege zwischen den Inseln; der sanft-grauen Fischweiler, versteckt in steinigen Buchten; der elfischen Seltsamkeit schmaler Straßen in kleinen, ursprünglichen Städtchen; den Formen und Färbungen von Gipfeln und Tälern, lieb gewonnen ob der täglichen Nähe; den gewundenen, brüchigen Pfaden zu schattigen Schreinen von Göttern mit langen, mysteriösen Namen; dem schmetterlingsgleichen Herausgleiten gelber Segel aus dem Gleißen eines unbekannten Horizonts. Und doch, so denke ich, war es in einem weit größeren Maße einer bestimmten Empfindung geschuldet, von der jeder Moment durchdrungen und gefärbt war, so wie eine Landschaft im Licht badet und in morgendliche Farben getaucht wird: dem Gefühl, dem Herzen der Natur näher gekommen zu sein und mich weiter von der monströsen Maschinenwelt westlichen Lebens entfernt zu haben, als ich es in der Tropenzone jemals zuvor getan hatte. Und dann offenbarte sich mir, dass ich Oki liebte – trotz des Tintenfischs –, hauptsächlich deswegen, weil ich dort, so wie sonst nirgends in Japan, die ungebrochene Freude darüber spüren konnte, den weitreichenden Einflüssen einer Zivilisation unter Hochdruck entkommen zu sein – die Wonne, sich selbst zu erleben, dies zumindest in Dōzen, weit außerhalb der Einflusssphäre alles Widernatürlichen der menschlichen Existenz.

ANMERKUNGEN DES ÜBERSETZERS

1 *To catch a tartar* ist eine Redewendung, die sich hier kaum übertragen lässt, im Original das Gesagte aber humoristisch doppelt und in etwa so viel bedeutet wie *an den Falschen geraten*.

2 *Monte*: Trickbetrügerei mit Karten, vergleichbar dem «Hütchenspiel».

3 *Keno:* uraltes Zahlenlotteriespiel.

4 *Poule-d'eau:* Teichralle, oft auch Teichhuhn genannt.

5 *Kôrogi*: Grille, wird aber auch als Synonym für alle «singenden» Insekten verwendet, zu denen auch die *Kirigisu* («Wiesenzikade») zählt.

6 «Wärst du ein Juwel, so trüge ich dich in meinem Armband; und wärst du ein Stück Kleidung, so fände ich niemals Zeit, mich zu entkleiden.»

7 *Yosiwara*: früheres Bordellviertel in Tokio, als die Hauptstadt noch Edo hieß.

8 *Sique:* Zucker.

9 *Choux-caraïbes:* karibischer Kohl. Wurzel des Aronstabgewächses, das auf den Antillen angebaut wird. Es wird als Gemüse gegessen und wie weiße Rüben zubereitet.

10 *Màchannes lapacotte:* Händler, die die arme Bevölkerung mit billigen Grundnahrungsmitteln versorgen.

11 *Piment (Pimento):* Beeren des Pimentbaumes, die zu Gewürzkörnern getrocknet und dann gemahlen oder zerstoßen werden. Auch Nelken- oder Jamaikapfeffer genannt.

12 *Titiri:* Setzling, Jungfisch.

13 *Pomme-cannelle:* Zimtapfel.

14 *Sapota, Sapodilla:* Sapotillapfel, die Frucht des Breiapfelbaums, auch Kaugummibaum genannt.

15 *Chadèque:* eine Art große Pampelmuse.

16 *Bonne:* Haushälterin.

17 *Mafi:* mein Mädchen, meine Teure.

18 *Kuruma*: zweirädriger Wagen mit Gabel, der von einem Kuli gezogen wird.

19 *Ri*: alte japanische Einheit. Ein Ri entspricht 3,92 Kilometern bzw. 2,12 nautischen Seemeilen.

20 *Cheveaux-de-frise*: spanische Reiter.

EINE GESELLSCHAFT VON STREUNERN

Nachwort von Monique Truong

Zucker und Maisbrot brachten mich auf Lafcadio Hearn.

Insbesondere die Frage, welche alten Rezepte Zucker enthielten: die aus dem Norden der Vereinigten Staaten oder die aus dem Süden? Ich schrieb gerade meinen zweiten Roman zu Ende – *Bitter im Mund* –, der in North Carolina spielt, einem Bundesstaat, der weit unterhalb der Mason-Dixon-Linie liegt. In *Bitter im Mund* schrieb ich, Zucker sei in den Maisbrotrezepten der Nordstaatler häufiger zu finden. Da ich jahrelang Romane und Essays geschrieben hatte, die vom Essen handelten, wusste ich, dass meine Leserschaft sich überraschend gut in Maisbrotrezepten von anno dazumal auskannte, dass manche sogar Doktorarbeiten über das Thema schrieben und aufbegehren würden, wenn ich irrtümlich etwas Falsches behauptete. Ich musste eine ultimative Antwort finden, aus sicherer Quelle zitieren oder die schmählichen Folgen tragen.

In meiner Küche in Brooklyn, die zwar klein, aber gut ausgestattet ist, standen alle möglichen Bücher über die Kunst des Kochens, darunter auch *Die neue Enzyklopädie der Südstaaten, Band 7: Kulturgeschichte des Essens*. Um meine Maisbrotthese zu

untermauern, blätterte ich darin und stieß auf einen ungewöhnlichen Namen, der sich geographisch nicht verorten ließ: «Lafcadio Hearn (1850–1904), Journalist und Schriftsteller». Im Eintrag über Hearn wird zuerst seine Geburt auf der griechischen Insel Lefkada erwähnt, dann seine einsame Kindheit in Dublin, Irland; dann heißt es, ohne weitere Erklärung, dass er als junger Mann nach Cincinnati, Ohio ausgewandert und später nach Louisiana in den Süden weitergezogen sei. Danach heißt es in dem Eintrag:

«Während Hearn in New Orleans lebte, eröffnete er das

5-Cent-Restaurant, das jedoch bald wieder schließen sollte, und sammelte Rezepte aus der Region. Hearn veröffentlichte diese Rezepte 1885 unter dem Titel *La Cuisine Créole*. Es war die erste Veröffentlichung von Rezepten aus New Orleans und Louisiana ... Hearns Buch *La Cuisine Créole* ist immer noch ein außerordentlich wertvoller Beitrag zur Geschichte der Kreolischen Küche in New Orleans und Louisiana.

Nachdem er in New Orleans Geschichte geschrieben hatte, zog Hearn nach Japan, unterrichtete Englisch, nannte sich Koizumi Yakumo, heiratete eine Japanerin, die Tochter eines Samurai, ... und schrieb an seinem umfangreichen Werk weiter ... Hearn schrieb unzählige Werke, darunter viele japanische Märchen, mit denen er sich einen Platz in der Geschichte sicherte.»

Der Eintrag endet mit dem Hinweis auf das Land, in dem er starb, und dem Todesdatum: «Japan, 26. September 1904.»

Sofort las ich diese apokryphe Biographie noch einmal.

Genau wie ich war dieser Schriftsteller ausgewandert, jedoch in die entgegengesetzte Richtung. Hearn war vom Westen in den Osten emigriert und hatte sich, was noch bedeutsamer ist, den Osten eigens auserkoren. Ironischerweise hatte er sich Japan ausgesucht, ein Land, das sich mit voller Kraft genau in die Gegenrichtung bewegte. Das Japan der Meiji-Zeit (1868–1912) befand sich mitten in einem nie da gewesenen Prozess der Umorientierung, in dem westliche Ideen und Ideale begierig – wenn auch nicht ohne Konflikte – übernommen und adaptiert wurden.

Ich war sechs Jahre alt, als ich mit meiner vor dem Vietnamkrieg fliehenden Familie in die USA. kam. Da ich ein Kind war, blieb mir die Entscheidung erspart, alles Bekannte hinter mir lassen zu müssen – eine Entscheidung auf Leben und Tod. Als Erwachsene und Schriftstellerin faszinieren mich alle, die sich ein solches Schicksal selbst *gewählt haben* und freiwillig als Exilanten fern ihres Landes, ihrer Familie, ihrer Sprache und der gefühlsmäßig vertrauten Umgebung ihrer Heimat leben.

Ich wollte wissen, was Lafcadio Hearn angetrieben hatte und ob er nach seiner Reise um die Erde am Ende ein Zuhause und Frieden gefunden hatte.

Da ich die Welt am besten über die Sprache des Essens verstehe, begann ich mit der Lektüre von Hearns Kochbuch, dem ersten Band meiner stetig anwachsenden Hearn-Bibliothek. *La Cuisine Créole* zeigte mir, dass er von einer beinah zwanghaften Gründlichkeit war: Allein unter der Rubrik ‹Suppen› sammelte er nicht weniger als fünfundvierzig verschiedene Rezepte. Außerdem erfuhr ich, dass Hearn ein Kind seiner Zeit und nicht frei von den Vorurteilen des 19. Jahrhunderts war: «Die Zutaten bestimmter Gerichte sollten sorgfältig abgewogen und geprüft werden, als kämen sie aus einem Labor. Nur wenige Köchinnen denken daran, doch die Männer, deren Geisteskräfte von Natur aus überlegen sind, lassen sich eher von Gesetzen leiten und halten sich enger an die Regeln; daher sind sie auch die besseren Köche und erzielen bessere Preise für ihre Dienste», meint Hearn im ersten Kapitel.

Hearns Kochbuch steht jetzt neben *Glimpses of Unfamiliar Japan*, *Ghostly Japan*, *Kwaidan* und einer modrigen Erstausgabe von *Two Years in the French West Indies* im Regal. Während seiner vierundfünfzig Lebensjahre übersetzte Hearn (vom Französischen ins Englische) und schrieb (auf Englisch) fast dreißig Bücher, Belletristik und Sachbücher, vor allem japanische

Volkskunde, Geistergeschichten und Märchen. Posthum wurden seiner gewaltigen Bibliographie außerdem edierte Sammlungen seiner umfangreichen Korrespondenz und seiner frühen journalistischen Arbeiten hinzugefügt; zudem die Erinnerungen seiner japanischen Frau Setsu, *Reminiscences of Lafcadio Hearn*, beziehungsweise seines ältesten Sohnes Kazu, *Father and I*; sowie die vielen Biographien, die für mich mehr Fragen als Antworten über diesen Wanderschriftsteller hinterlassen haben.

Wenn ich dem Enzyklopädieeintrag über Hearn etwas hinzufügen könnte, würde ich Folgendes schreiben: Lafcadio Hearn war ein dreifacher Einwanderer, der unter je anderem Namen in das jeweilige Land kam. Ob als Patricio (auf Lefkada), als Patrick (in Irland), als Lafcadio (in den USA) oder als Yakumo (in Japan): Immer blieb er ein völliger Außenseiter und schwieriger Introvertierter, der auf einem Auge blind war. Hearns umfangreiches Werk war beseelt von seinen Reisen, seinen Selbstentwürfen und den Korrekturen dieser Entwürfe, der hartnäckigen Suche nach Zugehörigkeit, dem Reiz des «Exotischen» und «Anderen» und dem Glauben an die verwandelnde Kraft einer guten Mahlzeit. Sein Leben und Schreiben bezeugen das Unerwartete und die Lebensveränderungen, die sich notwendigerweise ergeben, wenn grundverschiedene Völker, Kulturen und Sprachen aufeinandertreffen.

Seit dem Zucker- und Maisbrottag hat mich dieser literarische Wanderer magisch angezogen und mein Gemüt stark bewegt. Ich bin Hearn an seinen Geburtsort auf Lefkada gefolgt, einer griechischen Insel, auf der spät im Mai goldene Ginsterblüten duften und den Geruch von frisch gebackenem Butterkuchen, Honig und frischem Thymian verströmen. Ich habe das zweistöckige Haus in einer schmalen Gasse gefunden, in die selbst zur Mittagszeit kein Sonnenstrahl dringt. Dort hat seine Mutter Rosa ihn zur Welt gebracht.

Ich habe Hearns Grab auf dem Zoshigaya-Friedhof gefunden, einer wuchernden, bukolischen Totenstadt im Toshima-Bezirk von Tokio. Das Tokio der Meiji-Zeit war keine Stadt, die er liebte. Es war zu groß, zu laut und, was am schlimmsten war, zu modern. Und doch war Tokio die Stadt, in der er den Großteil seiner vierzehn japanischen Jahre verbrachte, und es war die Stadt seines letzten Selbstentwurfs. Als Hearn starb, war er Universitätsprofessor, ein hoch geachteter Gelehrter und Schriftsteller und ein liebevoller Ehemann und Vater, der seine Mahlzeiten jeden Abend zusammen mit seinen vier Kindern einnahm.

Setsus Grabstein war unbedeutender und lag ein wenig hinter dem von Hearn. Auf der ordentlichen Grabstätte der beiden lagen bereits Blumen und Kerzen, und ich hinterließ dort meinen öst-westlichen Tribut: für Hearn einen Kit-Kat-Schokoriegel* mit Matcha-Geschmack (grünem Pulvertee), weil er die traditionellen japanischen Aromen bevorzugte, und für Setsu einen mit Wasabi-Geschmack (japanischem Meerrettich), weil sie eine Renegatin war und ihr Leben kühn mit seinem verbunden hatte.

Matsue ist die japanische Stadt, die am engsten mit Hearn verknüpft ist. Es handelt sich um eine entlegene Samurai-Hoch-

---

* Den ursprünglich englischen Kit-Kat-Schokoladenriegel gibt es in Japan in unzähligen Geschmacksrichtungen, neben den oben genannten beispielsweise auch in der von süßen roten Bohnen, Ingwer oder Kirschblüten.

burg in der Shimane-Präfektur an der Westküste von Honshu, der Hauptinsel des Landes. In Matsue hat Hearn zuerst gewohnt, dort hat er Setsu kennengelernt, und die meisten seiner bewegendsten Reiseessays spielen dort. Wer sich ins *Lafcadio Hearn Memorial Museum* begibt, das kleine, gedrungene Museum vor Ort, das ich 2015 an jenem Märztag voller Schneegestöber besuchte, als die Stadt zu Ehren ihres literarischen Adoptivsohns ihren jährlichen St.-Patrick's-Day-Umzug abhielt, findet Glasvitrinen vor, die sich Hearns Leben in Japan widmen: seiner Sammlung von Pfeifen, die mit ihren langen Stielen und winzigen Köpfen wie sprossende, sich nach der Sonne reckende Zweige wirken; oder Englisch-Lektionen, die er für seine Kinder auf altes Zeitungspapier schrieb und die wie Gedichte klingen: «Wie gelb? Wie rot? Wie süß?»

Vom Lasterleben am Kai enthält einen kleinen Bruchteil von Hearns journalistischen Arbeiten und Reiseessays über Stationen, die ihn schließlich nach Matsue geführt haben. Die hier ausgewählten Schriften stehen auf je eigene Weise für die Vielschichtigkeit, Widersprüchlichkeit und Empfindsamkeit dieses produktiven Schriftstellers. Hearns beste journalistische Arbeiten fangen das Leben von Leuten und Gemeinschaften klar und deutlich ein, wurden aber kaum gesehen oder gebührend beachtet. Auffällig ist insbesondere sein Blick für das Stimulierende und Makabre. Lange bevor er als Geisterseher Japans bekannt wurde, sah er «Geisterhaftes» unter uns wandeln. Hearns Reiseessays über Martinique und Japan sind, das sei zugegeben, sentimental wie er selbst, doch flößt seine Themenwahl diesen Stücken auf faszinierende Weise Leben ein. In ihrer Unkonventionalität, ihrer Eigenart und als Träger von Hearns Pri-

vatgeheimnissen verlangen diese Essays ebenso wie der Schriftsteller nach Erklärung und Kontext, damit zutage treten kann,
was sie in der literarischen Landschaft ihrer und unserer Zeit
auszeichnet.

Von Lefkada nach Dublin

Hearns Wanderleben begann, als er zwei Jahre alt war und mit
seiner Mutter Rosa Antonia Cassimati von Lefkada in Griechenland* nach Dublin reiste, um bei der Familie seines Vaters
Charles Bush Hearn zu leben, eines Iren, der als Chirurg in der
britischen Armee diente. Zwei Jahre später reiste seine Mutter
in die umgekehrte Richtung, jedoch ohne ihn, der in der Obhut
einer reichen verwitweten Großtante blieb, die Rosa versprochen hatte, ihm ihr Vermögen zu hinterlassen. Auch an seinen
Vater, der eine andere Frau heiratete und in Indien ein neues
Leben begann, hatte Hearn kaum Erinnerungen. Er wuchs in
verschiedenen Internaten in England und Frankreich auf, wo er
eine exzellente Bildung und eine lebenslange Körperbehinde-
rung erwarb. Mit sechzehn Jahren verlor er bei einem Unfall auf
dem Schulhof die Sehkraft seines linken Auges, das fortan mit
einem milchigen Dauerfilm überzogen war, während das rechte
Auge in dem Versuch, dessen Seharbeit zu übernehmen, immer
mehr hervortrat. Beides trug zu Hearns zunehmendem Selbst-

* Die Insel Lefkada hieß damals Santa Maura und gehörte noch nicht zu
  Griechenland, sondern von 1815–1864 zum britischen Protektorat der
  Vereinigten Ionischen Inseln.

zweifel und Misstrauen bei, die ihn sein ganzes Erwachsenenleben lang begleiteten.

Mit neunzehn Jahren musste er erfahren, dass er denen, die mit der Fürsorge für ihn betraut waren, zu Recht misstraut hatte. Der Vermögensverwalter seiner Tante zahlte Hearn die versprochene Erbschaft nicht aus und überreichte ihm stattdessen eine einfache Fahrkahrte nach Cincinnati, Ohio.

Cincinnati

Hearn schrieb später, man habe ihn «ohne einen Pfennig auf dem Pflaster einer amerikanischen Stadt abgesetzt, damit er dort sein Leben beginne». Die vage Beschreibung zeigt, wie wenig Cincinnati diesem jungen Mann bedeutete. Denn nicht er, sondern jemand anderes hatte die Stadt für ihn ausgewählt. Als Hearn 1869 dort ankam, schlief er anfangs auf Parkbänken und in Pferdeställen. Dann fand er Arbeit als Schriftsetzer, legte den Namen Patrick ab und wurde zu Lafcadio, was um einiges rätselhafter und merkwürdiger klang. Schließlich schlug er die Journalistenlaufbahn ein und schrieb für den *Cincinnati Daily Enquirer* über Bizarres und Groteskes in dieser Stadt, über Verbrechen und die Ränder der Gesellschaft. Hearn heiratete seine erste Frau Alethea Foley, eine junge Afroamerikanerin,* die in

---

* Alethea Foley war farbig und vor der Abschaffung der Sklaverei geboren. Ihre Mutter war eine Sklavin aus Afrika, ihr Vater ein Weißer irischer Abstammung. Als sie geboren wurde, war er der offizielle Eigentümer von Aletheas Mutter und ihr.

dem Fremdenheim kochte, in dem er sich eingemietet hatte. Für jemanden, der sich ausgiebig mit den Biographien der gesellschaftlich Marginalisierten befasste, war Hearn bemerkenswert naiv im Hinblick darauf, was es bedeutete, sich in deren Reihen zu platzieren – in einem Amerika, in dem zwar die Sklaverei abgeschafft war, die Antirassenmischgesetze jedoch fest etabliert waren. Hearns Zeitung mokierte, dass er mit einer «Negerin» zusammenlebte, und feuerte ihn jäh wegen seines «bedauerlich unmoralischen Lebenswandels». Hearn fand zwar eine Stelle bei der Konkurrenz, dem *Cincinnati Commercial*, vergaß diese erniedrigende Entlassung jedoch nie.

Dieses Buch beginnt mit Aletheas Stimme beziehungsweise damit, wie Hearn diese Stimme hörte und wiedergab. In «Eine recht wundersame Begegnung», einem Artikel, den er für den *Cincinnati Commercial** geschrieben hatte, spricht er von einem «gesunde[n], gut gebaute[n] Mädchen vom Lande, das [...] hübsch, robust und rotwangig» ist, und meint damit niemand anderen als seine Frau, deren Namen – das muss ich unbedingt anmerken – eine Variante des griechischen Wortes *aletheia* ist, was Enthüllung oder Wahrheit bedeutet. Ein Teil des Untertitels lautet: «Das Ergebnis einer Plauderei auf der Küchentreppe», die, wie wir aus dem zweiten Absatz wissen, vor dem Fremdenheim stattfindet. Der Artikel gibt höchstwahrscheinlich eine Szene aus den Anfängen ihrer Bekanntschaft wieder, als Hearn Alethea den Hof machte. Er teilt hier im wortwörtlichen Sinne seine Alethea-*aletheia* mit seiner Leserschaft.

* Die hier versammelten Artikel für den *Cincinnati Commercial* erschienen ursprünglich ohne Angabe des Verfassers.

Zu Beginn erwähnt er die «leise, sanfte» Melodie und den «packenden Charme» ihrer Unterhaltung und schreibt, dass er «nicht versuchen kann», ihrem Erzähltalent «gerecht zu werden». Dann jedoch setzt er das, was folgt, in Anführungszeichen, um kenntlich zu machen und zu honorieren, dass eigentlich sie spricht und nicht der Reporter. Es folgen verschiedene Geistergeschichten, die in einer flotten, einnehmenden Sprache «erzählt» werden, frei von der plumpen Umgangssprachlichkeit, wie weiße amerikanische Schriftsteller der damaligen Zeit sie afroamerikanischen Sprechern oft andichteten.

Der Titel meines Nachworts «Eine Gesellschaft von Streunern» stammt aus «Vom Lasterleben am Kai», Hearns bemerkenswert detailliertem Portrait von Schauerleuten und Hafenarbeitern und ihrer Zeit an Land in Cincinnati. Der Ohio River, dessen Ufer der Stadt und dem Bundesstaat als Südgrenze dienen, war damals eine viel befahrene Wasserstraße für den Dampfschiffverkehr, auf der Passagiere und Waren erst in westliche Richtung und nach der Einmündung in den Mississippi in den Süden befördert wurden.

In «Vom Lasterleben am Kai» zeigt Hearn seine ganze Begeisterung für «diese Gemeinschaft in der Gemeinschaft – eine Gesellschaft von Streunern, die zwar Schlupfwinkel haben, aber kein Zuhause». Er erstellt ein Inventar ihrer Rassen, Löhne, Laster, Lieder und Frauen und beschreibt sogar jedes einzelne Haus in der «Rat Row» in Bucktown, dem afroamerikanischen Viertel am Wasser, samt der dort verfügbaren Attraktionen. Auch ist leicht zu sehen, dass Hearn den alltäglichen, alles durchdringenden Rassismus des 19. Jahrhunderts als Hindernis mit sich herumtrug. Er schreibt von der «halb wilden Schlichtheit» und den «ausschließlich animalischen» Gefühlen dieser Männer. Er bedient sich der Klischees von der «besonderen Tauglichkeit der Farbigen» oder «Neger» für körperliche Knochenarbeit. Doch der letzte Absatz von «Vom Lasterleben am Kai» zählt zu Hearns besten. Ein präzises, komprimiertes Prosagedicht, das er den «Streunern» und «einer Gesellschaft» widmet, deren Sirenenruf er immerzu hörte.

«Aufgeknüpft» dürfte wohl Hearns bekanntester Artikel sein. Er beschreibt dort die stümperhafte Hinrichtung eines jungen Mannes, der 1876 wegen Mordes in Dayton, Ohio, zum Tod durch den Strang verurteilt worden war. Hearns Stil ist hier förmlicher, fast ein wenig gestelzt und kann zudem veraltet genannt werden, doch was zählt und zündet, ist Hearns Fähigkeit, den jungen Verurteilten als Menschen zu zeigen. Hearn schreibt ganz offen über die Kaltblütigkeit des begangenen Verbrechens, doch als der Verbrecher für tot erklärt wird, trauern wir um ihn und sind angewidert von der gefühlsmäßigen und körperlichen Brutalität dieser verpatzten Exekution. In dem Artikel klingen auch viele Themen an, die charakteristisch für Hearns späteres Werk sind: Geister, Außenseitertum (der Gefangene) und festliche Rituale (die Erhängung).

New Orleans

Im Jahr 1877 war Hearn überarbeitet und körperlich erschöpft. Er hatte das Gefühl, in Cincinati beruflich nicht mehr weiterzukommen, und war niedergeschlagen, weil Alethea ihn verlassen hatte. Später erwähnte sie Lafcadios «Eigenheiten» sowie sein verschwiegenes, wortkarges Naturell und führte peinliche Beispiele dafür an, wie pingelig er mit seiner Unterwäsche und seinen Mahlzeiten war. Sie erklärte, er habe sie abgesehen von einem «verträumten» Brief nie wieder kontaktiert.

Mit siebenundzwanzig Jahren nahm Hearn einen Dampfer nach New Orleans, einer Stadt, die er sich diesmal selbst ausgewählt hatte. Als er dort ankam, musste er feststellen, dass sie verkommen und halb zerfallen war. Wie in Cincinnati fühlte er sich in denjenigen Stadtvierteln am wohlsten, in denen sich die Rassen und Kulturen mischten und tagtäglich miteinander verhandelten. Im Internat hatte er fließend Französisch gelernt und entwickelte sofort ein gutes Verhältnis zu allem Kreolischen: der Mundart, dem Essen, den Frauen. Er verliebte sich umgehend in New Orleans.

Hearn fand eine Stelle beim *New Orleans Daily City Item*, einer Zeitung, für die er an die 180 kurze satirische Artikel* verfasste, die manchmal mit seinen eigenen, anzüglichen Illustrationen erschienen, darunter «Rezept für Sauce Tartare», ein heiteres, freches «Rezept», das als eine Art Gaumenreiniger in die Auswahl aufgenommen wurde. Hearns respektloser Humor ist besonders bemerkenswert, weil er uns in seinen späteren Schriften kaum noch begegnet.

«Stimmen vor Tau und Tag», ebenfalls für den *Item* verfasst, ist sinnbildlich für Hearns einzigartiges Ohr und seinen unvergleichlichen Blick fürs Detail. Indem Hearn die Schreie und Rufe der Straßenhändler dokumentiert, schenkt er uns die Geräusch-

---

* Auch alle satirischen Artikel, die Hearn für den *Daily City Item* schrieb, erschienen ohne Verfasserangabe.

kulisse, die 1881 beim Aufwachen in New Orleans zu hören waren. Ohne Hearn wäre die Stadt für uns bedauerlich stumm.

In New Orleans schrieb Hearn auch längere Reportagen für die in New York ansässige politische Zeitschrift *Harper's Weekly*, unter anderem «Saint Malo». Sein Hang zum Obskuren und «Exotischen» führte ihn von New Orleans zu einem kaum hundert Meilen entfernten kleinen, abgelegenen Dorf an der Küste, in dem «Lacustrine» oder philippinische Fischer lebten. Dank Hearn verfügen wir über eine Art literarischen Zensus dieser «zimtfarbenen Männer». Hearn beschreibt nicht nur die stimmungsvolle Enklave, sondern vermerkt auch die Vornamen der Männer, manchmal ihr Alter und von ein paar, die Glück hatten, sogar ein Stückchen Familiengeschichte. In typischer Hearn-Manier fügt er auch eine Liste hinzu, die genau verzeichnet, wie die Zahlen während des Kartenspiels ausgerufen wurden. Die Zahl Zweiundzwanzig heißt «Zwei Entlein», Dreiunddreißig «Das Alter Christi» et cetera. Es ist ein kurzer Blick auf die Phantasie dieser Männer und auf die Metaphern und Bilder, die ihr als Motor dienen. Es ist Hearns Geschenk an die Bewohner von Saint Malo und an uns. Nur ganz selten nahm nämlich ein Schriftsteller der damaligen Zeit vom Innenleben der «Exoten» Notiz – die meisten beschrieben nur deren Äußeres.

Ebenfalls für *Harper's Weekly* entstand «Auf der Weltausstellung in New Orleans»*, auf den ersten Blick bloß ein Featureartikel über die Japan-Ausstellung und ihre Kunstexponate.

---

* Der offizielle Name der Ausstellung lautete «World's Industrial and Cotton Centennial Exposition», auch bekannt als «New Orleans World's Fair».

Diese Ausstellung von 1885 wird allerdings von Hearns Biographen oft als seine Initialzündung für seine Japanbegeisterung zitiert. Tatsächlich kann der Artikel als Muster für seine literarische Beschäftigung mit Japan dienen. Hearn schreibt von einer Zierfigur, die ihn «verfolgt», er beklagt das «Aussterben der alten Landeskleidung», weidet sich an Insekten und Vögeln und hört sogar ihre eigenartigen Lieder.

Saint-Pierre

1887 war Hearn Literaturredakteur und Übersetzer bei einer anderen New-Orleans-Zeitung, dem *Times-Democrat*, und er schrieb seinen ersten Roman. Kurz nach seinem siebenunddreißigsten Geburtstag gab er die Arbeit bei der Zeitung auf und reiste auf die Französischen Karibikinseln, wo er zwei Jahre lang bleiben sollte, um zu schreiben. Dort entstanden «Die Wäscherinnen» und «Meine Bonne», die er in seinen 1890 erschienenen Reisebericht *Two Years in the West Indies* integrierte.

«Die Wäscherinnen» ist eine akribische, eindeutig liebevolle Schilderung der «Frauenarbeit», die die Wäscherinnen von Saint-Pierre auf der Insel Martinique bemerkenswert effizient verrichteten. Der Essay ist das weibliche Gegenstück zu «Vom Lasterleben am Kai», was per se schon beachtlich ist. Arbeit, Geschick und Wert dieser solidarischen Arbeiterinnengemeinschaft werden von Hearn in keiner Weise herabgesetzt oder entwertet. Er schreibt diesen Frauen sogar ein eigenes Prosagedicht, das so anfängt: «Doch solange Jugend und Kraft sie nicht verlassen, machen sie zu jeder Jahreszeit ihre Arbeit …»

«Meine Bonne» ist eine weitere *Aletheia* aus Hearns Feder. Cyrillia, Hearns Dienstmädchen, seine Köchin und Thema seines Essays, war laut Jonathan Colt, seinem Biographen, ebenfalls eine Frau, die auch das Bett mit ihm teilte. Hearn erwähnt nichts dergleichen und versucht sogar, jeden Verdacht einer Liebschaft oder sexuellen Beziehung im Keim zu ersticken, indem er Cyrillia selbst erklären lässt, sie sei «zu hässlich und zu alt». In den Umhang der Schönheit hüllt sie stattdessen ihre Tochter. Wo Hearn über das Foto der Tochter schreibt, gibt er allerdings fast seine Gefühle preis: «Sie *ist* schön, Cyrillia. Dass du sie so lieb hast, ist mir auch sehr lieb.»

Cyrillia teilt sich die Seiten von «Meine Bonne» mit Hearns anderem Appetit. Dort enthalten ist nämlich auch ein knappes Kochbuch mit Gerichten und den wichtigsten Zutaten der Martiniquesischen Küche. Hearn, der immer empfänglich ist für die kulturelle Bedeutung dessen, was man sich in den Mund steckt, hat auch den Aberglauben und die Sprichwörter sowie die Klassen- und Rassenschranken zu bieten, die fest in den Nahrungsmitteln der Insel verwurzelt sind. Auch zeigt er seine eigenen Vorurteile, wenn er erklärt, der «Ver-palmiste» (der Palmwurm) sei eine «barbarische» Zutat, und es dann freudig mit den «weißen Kreolen» hält, die den Wurm meiden.

Matsue

1890 reiste Hearn für *Harper's Weekly* nach Japan und kehrte nie mehr zurück. Er hoffte, einen kurzen Blick auf das «Alte Japan» erhaschen zu können, bevor es endgültig in der Meiji-Zeit verschwand, die alles so eilig modernisierte. Seit die USA Japan 1868 gezwungen hatten, die Häfen zu öffnen, war Japan auf dem besten Weg, ein Land zu werden, in dem sich die von Menschenhand gezogenen Jinrikshas die Straßen mit Pferdekutschen teilten, wo sich Eisenbahnschienen kreuz und quer durch die Landschaft zogen und das Getöse der Dampfloks regelmäßig zu vernehmen war und wo ländliche Gegenden, die seit Jahrhunderten keine Veränderung erlebt hatten, plötzlich von Telegrafenmasten und durchhängenden Leitungsdrähten verschandelt wurden.

Nach seiner Anlandung in Yokohama, einer Hafenstadt südlich von Tokio, machte sich Hearn schnell Notizen und hielt jene ersten Eindrücke fest, aus denen später «Tag eins im Land der aufgehenden Sonne» wurde, das erste Kapitel von «Glimpses of Unfamiliar Japan», einer Essaysammlung, mit der er begann, sich einen Namen als westlicher Japanexperte zu machen.

In diesem Essay schreibt Hearn aus einer für ihn ungewohnten Perspektive. Mit seinen ein Meter sechzig war er gewiss nicht groß, weder überragte er die anderen, noch war er ein Riese, vor allem nicht in den USA, doch in Yokohama beschreibt er seine neue Umgebung als «elfenhaft» und benutzt immer wieder die Worte «klein» und «winzig», die ihm fröhlich aus der Feder flossen. Hearn verwandelt sich plötzlich in den «großen Ausländer» und wird unleugbar und unmissverständlich zum «Fremden». Hearns Entfremdung, die er als ganz und gar positiv und belebend wahrnimmt, tritt am deutlichsten zutage, wenn er über die Schönheit, die Bewegung und die lebensechten Eigenschaften japanischer Schriftzeichen* schreibt, die die Schilder oder die Noren der Läden schmücken – jene Stoffstücke, mit denen die Eingänge markiert werden – oder die Kleidung ihrer Lieferanten. Die geschriebene Sprache ist für Hearn nicht mehr nur nützlich oder kommunikativ. Sie ist ihm Dekor, Kunst und Medium für das Mysteriöse.

Während seiner vierzehn Jahre in Japan lernte Hearn nie fließend Japanisch, er beherrschte es weder schriftlich noch mündlich, doch die permanenten Begegnungen mit einer Sprache, die so fremd und unentzifferbar war, kam ihm zugute: Als Schriftsteller war er der Alltagssprache seiner Umgebung entfremdet und hatte so die Freiheit, sich auf seine literarische Sprache zu konzentrieren und an ihr zu feilen.

Ein Angebot, an einer Mittelschule Englisch zu unterrichten, führte Hearn nach Matsue, einer abgelegenen Stadt am Japanischen Meer, wo er tatsächlich auf eine unvertraute und noch «unverdorbene» Gegend traf. In den ersten Monaten des Jahres 1891 lernte Hearn seine spätere Frau Setsu kennen, die verarmte Tochter eines ehemaligen Samurai. Sie arbeitete als Dienstmädchen für Hearn und wohnte im Haus. Als er während seines ersten Winters in Matsue schwer krank wurde, pflegte sie ihn, und bald darauf heirateten die beiden.

In «Von Hōki nach Oki» ist Setsu Hearns unsichtbare Reise-

---

* Das japanische Schriftsystem besteht aus *Kanji*, den aus dem Chinesischen entliehenen logographischen Schriftzeichen, aus zwei Silbentabellen (Symbole, die Silben darstellen), die *Hiragana* und *Katagana* genannt werden, sowie aus dem *Romanji*, dem lateinischen Alphabet, das Hearn in seinem Essay als «hässlich» und «utilitaristisch» bezeichnet.

begleiterin. Er erwähnt einen japanischen Reisegefährten, der ihn auf die fernen Oki-Inseln begleitet, die Frau, die damals bereits seine Gattin war sowie seine treue literarische Materiallieferantin und Mitarbeiterin. Setsu diente Hearn vor allem mit ihren Geschichten – die sie, weil er darauf bestand, oft mehrfach erzählte: Märchen aus ihrer Jugend, die sie von Familienangehörigen und Nachbarn sammelte oder in antiquarischen Büchern und anderen Veröffentlichungen fand. Setsu konnte Japanisch lesen und schreiben, sprach jedoch kein Englisch. Die Sprache, in der sie und Hearn kommunizierten, war ein vereinfachtes Japanisch voller seltsamer Wendungen und Ausdrücke, die er geprägt hatte und die sie und ihre vier Kinder «Hearns Sprache» nannten.

In diesem Bericht bekennt Hearn ausnahmsweise, dass ihn die übergroße Neugier «quält», die ihm die Einwohner eines entlegenen Dorfs als Fremdem entgegenbringen. Zwar beteuert er, dass ihre Aufmerksamkeit ohne Arg oder «Grobheit» sei. Doch Setsu schreibt in ihren Erinnerungen von einem Vorfall, der sich in einem anderen Dorf ereignet hatte: Dort bewarfen die Leute Hearn mit Sand und weigerten sich, ihren Festtanz in seiner Anwesenheit aufzuführen, was in meinen Augen auf eine gewisse Feindseligkeit hindeutet. Hearn schreibt, dass er sich normalerweise «wie ein Japaner kleidete» und daher «die Aufmerksamkeit des einfachen Volkes kaum auf sich zog». Er behauptet, man halte ihn für einen «drollig aussehende[n] Japaner aus irgendeinem fernen Teil des Kaiserreiches». Hearn dichtet sich hier etwas über ein Land zusammen, in dem er unbedingt zu Hause sein will.

In «Von Hōki nach Oki» finden sich ein paar von Hearns

großartigsten Beschreibungen der japanischen Landschaft, vor allem der Küsten. Für einen Einäugigen, zudem noch kurzsichtig, konnte Hearn die Farben und Schattierungen von Felsformationen, Pflanzen und Gewässern mit großer Präzision und Feinheit wiedergeben. Er versah sie auch mit Gefühlen und einer Meinung. Die Hügel sind «still». Die Pflanzen sind «melancholisch». Die Klippen sind «unheilvoll». Hearns poetische Empfindsamkeit verbindet sich hier mit japanischem Animismus, dem Glauben, dass Bäume, Felsen, Flüsse, ja, die ganze Natur von einem Geist oder Gott beseelt ist. Hearn wird nach und nach zu einer bemerkenswerten Mischung aus West und Ost. Obwohl er die Vergangenheit verehrte und schätzte, war, was er über Japan schrieb, daher zutiefst modern.

Unwillkürlich und zwangsweise bin ich eine Version von Hearns Leben, ein Roman, der versucht, sich die Möglichkeiten, Anreize und Begierden vorzustellen, die Hearn nach Japan geführt haben. Mein Bauch sagt mir, dass Hearn hungrig gewesen sein muss: hungrig nach Liebe, einer Familie, einem Gefühl der Zugehörigkeit und natürlich nach einer täglichen Mahlzeit, die Seele und Körper nährt. Meine Intuition wird von meiner Lebenserfahrung gestützt, die diejenige von Lafcadio widerspiegelt: Ein Kochbuchautor hat wie jemand, der über Essen schreibt, immer Hunger, und ein Einwanderer ist, wie ich weiß, noch viel hungriger.

Als Erwachsene habe ich mich oft gefragt, ob ich dieselbe Wahl getroffen hätte wie meine Eltern, als der Vietnamkrieg zu Ende war. Wäre ich genauso klar denkend, geistig widerstandsfähig, optimistisch und tapfer gewesen? Für mich sind dies die notwendigen Voraussetzungen, die alle Flüchtlinge und Einwanderer mitbringen müssen, damit sie ihre Heimat verlassen und in einer neuen Heimat überleben können. Es existiert eine direkte, straffe Verbindungslinie zwischen diesen Nachforschungen und den Fragen, die meinen Romanen zugrunde liegen: Was hat dich hierhergeführt, und warum bleibst du hier?

Hearns Antworten, die voller Fernweh und Übertragungen sind, fallen anders aus als meine, doch erkenne ich in seinem Leben und Schreiben hin und wieder, dass er ebenso wie ich fasziniert davon war, sich zu verirren und wieder nach Hause zu finden.

Aus dem Englischen von Claudia Wenner

BIBLIOGRAPHISCHE NOTIZEN

«Eine recht wundersame Begegnung» erschien erstmals unter dem Titel »Some Strange Experience» in der Zeitung *Cincinnati Commercial* am 26. September 1875. Der englische Text findet sich in: Lafcadio Hearn: *American Writings* (The Library of America 2009), hrsg. von Christopher Benfey, S. 615–624.

«Vom Lasterleben am Kai» erschien erstmals unter dem Titel «Levee Life» in der Zeitung *Cincinnati Commercial* am 17. März 1876. Der englische Text findet sich in: Lafcadio Hearn: *American Writings* (The Library of America 2009), hrsg. von Christopher Benfey, S. 625–642, und in: O. W. Frost (Hrsg.): *Children of the Levee* (University of Kentucky Press 1957), S. 61–83.

«Aufgeknüpft» erschien erstmals unter dem Titel «Gibbeted» in der Zeitung *Cincinnati Commercial* am 26. August 1876. Der englische Text findet sich in: Lafcadio Hearn: *American Writings* (The Library of America 2009), hrsg. von Christopher Benfey, S. 648–660.

«Rezept für Sauce Tartare» erschien erstmals unter dem Titel «How to Make Tartar Sauce» in der Zeitung *Item* aus New Orleans am 16. November 1879. Der englische Text findet sich in: *Lafcadio Hearn's Creole Cook Book* (Pelican Publishing Co. 1990), S. 37, einem Reprint von Hearns Kochbuch *La Cuisine Créole* (1885) mit einigen seiner in der Zeitung *Item* veröffentlichten Zeichnungen.

«Stimmen vor Tau und Tag» erschien erstmals unter dem Titel «Voices of Dawn» in der Zeitung *Item* aus New Orleans am 22. Juli 1881. Der englische Text findet sich in: *Lafcadio Hearn's Creole Cook Book* (Pelican Publishing Co. 1990) auf den beiden unpaginierten Seiten nach der Einleitung.

«Saint Malo» erschien erstmals in dem Journal *Harper's Weekly* am 31. März 1883. Der englische Text findet sich in: Lafcadio Hearn: *American Writings* (The Library of America 2009), hrsg. von Christopher Benfey, S. 730–743.

«Auf der Weltausstellung in New Orleans» erschien erstmals unter dem Titel «The New Orleans Exposition» in dem Journal *Harper's Weekly* am 31. Januar 1885. Der englische Text findet sich in: Lafcadio Hearn: *American Writings* (The Library of America 2009), hrsg. von Christopher Benfey, S. 748–752.

«Die Wäscherinnen», geschrieben zwischen Oktober 1887 und Mai 1889, erschien erstmals unter dem Titel «Les Blanchisseuses» in Hearns Buch *Two Years in the French West Indies* (1890), S. 241–253. Der englische Text findet sich in: Lafcadio Hearn: *American Writings* (The Library of America 2009), hrsg. von Christopher Benfey, S. 374–384.

«Meine Bonne», geschrieben zwischen Oktober 1887 und Mai 1889, erschien erstmals unter dem Titel «Ma Bonne» in Hearns Buch *Two Years in the French West Indies* (1890), S. 348–379. Der englische Text findet sich in: Lafcadio Hearn:

American Writings (The Library of America 2009), hrsg. von Christopher Benfey, S. 469–497. Für die deutsche Übersetzung wurde der Text von der Herausgeberin gekürzt.

«Tag eins im Land der aufgehenden Sonne», geschrieben 1890, erschien erstmals unter dem Titel «My First Day in the Orient», Bd. 1, S. 1–28, in Hearns Essaysammlung *Glimpses of Unfamiliar Japan* (1894). Der englische Text findet sich in der gleichnamigen Ausgabe von *Tuttle Classics* (2009) auf S. 1–22.

«Von Hōki nach Oki», geschrieben 1892, erscheint erstmals unter dem Titel «From Hōki to Oki» in Hearns Essaysammlung *Glimpses of Unfamiliar Japan* (1894, Bd. 2, S. 553–625). Der englische Text findet sich in der gleichnamigen Ausgabe von *Tuttle Classics* (2009) auf S. 456–514. Für die deutsche Übersetzung wurde der Text von der Herausgeberin gekürzt.

«Eine recht wundersame Begegnung», «Vom Lasterleben am Kai», «Saint Mala», «Tag eins im Land der aufgehenden Sonne» und «Von Hōki nach Oki» wurden für diese Ausgabe neu ins Deutsche übertragen, die übrigen Reportagen wurden erstmalig ins Deutsche übersetzt.

AUS DEM VERLAGSPROGRAMM

Monique Truong bei C.H.Beck

Das Buch vom Salz

Roman
Aus dem Englischen von Barbara Rojahn-Deyk
5. Auflage. 335 Seiten. München 2004

Monique Truongs erster Roman erzählt die Geschichte des vietname-
sischen Kochs von Gertrude Stein und Alice B. Toklas in Paris, Ende
der zwanziger Jahre. Wunderschön und doppelbödig geschrieben,
ist «Das Buch vom Salz» – dem Salz in den Speisen, im Meer, in den
Tränen, im Schweiß gewidmet – ein Fest der Sinne und des
Erzählens.

Bitter im Mund

Roman
Aus dem Englischen von Peter Torberg
328 Seiten. München 2010

«Dichtern wie ihr folgt der Leser am liebsten.»
Hannelore Schlaffer, Frankfurter Allgemeine Zeitung

C.H.BECK textura

Jack London

Das Haus von Mapuhi

Südseegeschichten
Herausgegeben, übersetzt und mit einem Nachwort von
Andreas Nohl
2016. 152 Seiten. Klappenbroschur

Luigi Pirandello

Maestro Amor

Römische Novellen
Ausgewählt und übersetzt von Martin Hallmannsecker
Mit einem Nachwort von Maike Albath
2016. 160 Seiten. Klappenbroschur

Joseph Roth

Reisen in die Ukraine und nach Russland

Herausgegeben und mit einem Nachwort von Jan Bürger
4. Auflage. 2015. 136 Seiten mit 2 Karten. Klappenbroschur

Hans Pleschinski

Der Holzvulkan

Ein deutscher Festbrief
Mit einem Nachwort von Gustav Seibt
2014. 96 Seiten mit 8 Abbildungen. Klappenbroschur